POEMAS ESCOGIDOS - LIBRO   I

de la Obra:

"MI PENSAMIENTO AZUL"

POR: JULIA GÓMEZ NÚÑEZ

"PAISAJES PSICOFÍSICOS"

POR: JOSÉ GÓMEZ CAMPOS

POEMAS ESCOGIDOS - LIBRO   I

de la Obra:

"MI PENSAMIENTO AZUL"

POR: JULIA GÓMEZ NÚÑEZ

Con inmenso amor y agradecimiento,
a papá y mamá: José y Nena.

Para pedidos de copias adicionales de este libro, por favor ponerse en contacto con:
Palibrio
1663 Liberty Drive, Suite 200
Bloomington, IN 47403
Llamadas desde los EE.UU. 877.407.5847
Llamadas internacionales +1.812.671.9757
Fax: +1.812.355.1576
ventas@palibrio.com
219898

AGRADECIMIENTOS.

Agradezco a Dios Todopoderoso por haberme permitido que vea todo lo que Él ha creado con ojos de pureza y sencillez y ver en cada cosa Su amor y Su bondad para sentir que está conmigo a toda hora.

A papá por haberme dejado... El Mundo Inmortal de la Poesía. Después de Dios, es él quien me ha dado este regalo.

A mamá por todo el amor y ternura que me dio, todos los buenos ejemplos y sus sabios consejos.

Agradezco a Dios por la bendición que representa para mi toda mi familia, por el cariño y los cuidados que han tenido durante toda mi vida, en especial a mi hermana Marty.

Al poeta Serafín Quiteño, amigo y compañero de papá, mis agradecimientos por sus consejos, por sus alentadoras palabras y la forma en que se expresó al leer mis escritos.

Agradezco a Dios por haber puesto en mi camino a mi amiga Emmita Schönenberg Rivera quien ha sido la persona que ha hecho posible dar a conocer lo que por años he escrito. Siendo ella la que ha recopilado y organizado los cientos de poemas que a lo largo de los años he escrito, y la que me dio ánimo y el valor para publicarlos.

Mis agradecimientos para Paulina Aguilar de Hernández quien amablemente me invitó a participar en el VI Festival de Poesía Internacional de El Salvador en Octubre del 2007 y a Isabelita Dada quien fue la que recitó con mucho sentimiento mis poemas en dicho Festival.

A Doña Aida Mancía quien ha recitado muchos de mis poemas en Radio El Mundo, de una forma maravillosa, impulsándome a continuar.

A Emma Alicia Schönenberg, hija de Emmita, quien diseñó la portada de este libro.

A mi amada sobrina Paty quien siempre me ayudó y corrigió todos mis escritos.

A mi amiga Milita García Prieto de Mena por todo su apoyo y por darme ánimo para escribir un libro.

A todas mis amigas y amigos que incontables veces me animaron para que diera a conocer mis versos.

Al Doctor Alfredo Martínez Moreno quien en medio de su prolífica actividad profesional e intelectual, me honró escribiendo el Prólogo.

PRÓLOGO

Dr. Alfredo Martínez Moreno

Pocas cosas más difíciles de definir en la literatura como la esencia de la poesía. Cada escuela de pensamiento, cada crítico, cada autor, ha dado una versión personal de esa forma peculiar de expresión del espíritu.

Algunos tratadistas, para explicarla, se han remontado a los orígenes de la poesía, que muchos de ellos los encuentran en los hechizos mágicos, en los encantamientos rituales y en las narraciones altamente rítmicas de las primitivas sociedades tribales.

Allá, en la remota y augusta Atenas, en la época del florecimiento artístico, Aristóteles trató de fijar con claridad la esencia de la misma como "la imitación bella de la naturaleza" y todos los que han dedicado sus esfuerzos intelectuales, si bien atreviéndose a dar un juicio propio de ella, han reconocido la ingente dificultad de expresar la médula del concepto.

Para los defensores de la doctrina del arte por el arte, como los parnasianos franceses, Leconte De Lisle a la cabeza, o Théophile Gautiér, quien sostenía que estaba ebrio de belleza y de la sublime locura del arte, la forma, el estilo, es la base del mismo, con exclusión de toda moral. Asimismo, el filósofo y poeta catalán Coll y Vahí, quien afirmaba que la poesía es la expresión de lo bello por medio de la palabra sujeta a una forma artística, argumentaba que ella no depende del lenguaje, ni del estilo, sino del fondo de la obra, de la idea misma, del modo de concebir y de sentir.

Para dicho autor, esta forma de expresión no tiene otro objeto que causar el placer puro de la belleza, por lo que niega -lo repito- que el objeto poético sea el de instruir o moralizar, aunque esto pueda realizarse indirectamente porque la verdad y la ética son inseparables de la verdadera belleza.

Algunos especialistas han dicho que esa manifestación estética tiene un lenguaje propio, la elocución poética, caracterizada por las imágenes, pues en tanto la prosa se limita a transmitir el pensamiento de un modo claro y general, "la poesía se esfuerza en hacerlo visible y lo individualiza". Así los que mantienen esa tendencia literaria aseveran que ésa es "la razón por la que el poeta emplea con tanta frecuencia la comparación, la alegoría, la personificación, los tropos de palabras, especialmente la metáfora, la hipérbole y todas las figuras que dependen más o menos de la fantasía".

Es evidente que no todo el mundo puede ser poeta. Se requiere de un don especial, el estro, o sea "la inspiración ardiente de componer sus obras". Por ello, la novelista inglesa George Elliot afirmaba que "ser poeta es tener un alma, en la que el conocimiento se transforma en un sentimiento, y éste, a su vez, relampaguea de regreso como un nuevo órgano del conocimiento".

Esa gracia singular, si no exclusiva de unos pocos, pero bastante limitada para los verdaderos creadores, ha hecho que al poeta se le haya comparado y elevado a la figura de un mago o adivino, que se ha servido de diversos medios, especialmente del verso, para crear su obra artística. El verso es el uso rítmico del lenguaje, manipulando el acento, la fuerza y la cadencia, en una forma tal que "crea recurrentes modelos de énfasis". Pero debe subrayarse el hecho de que no sólo el verso es el instrumento de creación, pues hay abundantes poemas deliberadamente compuestos en prosa y cierta prosa elegante y hermosa puede ser descrita como poesía.

Los grandes artistas, principalmente los pintores y escultores, han descrito la poesía en diversas formas. Acaso una de las más célebres representaciones de ese arte lo constituye el fresco de Rafael, que se encuentra en la Sala de la Signatura del Vaticano: una hermosa mujer sentada, coronada de laurel y con alas, sosteniendo un libro y una lira, y con un amorcillo a cada lado, portadores de emblemas de amor.

Estas reflexiones me han venido a la mente al leer y degustar el libro POEMAS ESCOGIDOS - LIBRO I de la Obra: "MI PENSAMIENTO AZUL", de una delicada escritora nacional, Julia Gómez Núñez, hasta ahora inédita, pero con una sensibilidad deslumbrante, poseedora de ese don único y maravilloso que es el auténtico estro, una inspiración que le brota naturalmente de su alma de artista, con ráfagas de ternura que deleitan a los espíritus sensibles.

Algún crítico fundamentalmente perfeccionista, que en su incomprensión literaria le da más importancia a la medida exacta de un verso que a la hermosura del mismo, puede encontrar algún defectillo de euritmia o de cadencia en su obra, pero ello es insignificante ante el derroche de belleza que surge de esa inspiración estupenda, que en mi opinión la convierte en una Poeta con letra mayúscula.

Es impresionante que la modestia de la autora haya mantenido escondido, durante muchos años, ese encantador conjunto de poemas y haya sido una amiga comprensiva la que adoptó la decisión de escogerlos y publicarlos, haciéndole un beneficio a la bibliografía nacional.

La autora no conoció a su padre, quien murió cuando ella estaba recién nacida pero leyó los versos de él, que penetraron a su sensibilidad humana y artística, exaltando su natural fervor lírico. Oigamos sus expresiones de devoción a su padre:

"¡Cómo deseo haberte conocido, padre mío,
navegar en tu mundo de fantasía
y poder platicar contigo día a día!

Más no se logra todo en la vida.
Pero tú me dejaste un legado...
¡EL MUNDO INMORTAL DE LA POESÍA!"

En la misma forma, la delicadeza de su espíritu se hace presente ante el fallecimiento de su madre, cuando ella estaba en pleno desarrollo lírico, y de ese modo, con su verso que afirma es el corazón hecho palabra, aclara la luz extraña que la embarga al perder a su progenitora:

"Ya no es un misterio: se fue la neblina.
Tu dulce mirada siempre sonreía.
Esa era la luz que en la alcoba entraba.

¡Oh, madre querida! Mi luz misteriosa
estaba en tus ojos, estaba en tu risa
y es por eso que siempre la veía."

La Poeta evidentemente no está encuadrada dentro de la tendencia lírica del arte por el arte, pues acaso inconsciente pero constantemente rinde homenaje a los valores espirituales, a la patria amada, a la libertad, y especialmente a la naturaleza, en versos que contienen un mensaje de orientación cívica y de edificante valor educativo y moralizador. Su amor por los animales, otro signo de su honda sensibilidad, se expresa en estrofas que comprueban en algunos aspectos la influencia de Alfredo Espino. Oigamos un ejemplo escogido al azar.

"En la hirsuta espesura de los montes,
donde reina el venado y el zenzontle,
donde el río ha formado una cascada,
ahí habita mi alma enamorada.

Donde canta el jilguero una sonata
y el sol se despierta en la mañana
y se oculta entre nubes sonrosadas
en coqueteo feliz con la montaña."

A lo largo y ancho de este libro sin pretensiones pero de clara belleza, la escritora agradece al buen Dios por haberle dotado de la disposición privilegiada de su fantasía, "de volar sin tener alas", y además agrega:

"Pero quiero agradecerle a Dios
el don de amar y ser amada,
la voluntad de ser honrada
y los versos que son una cascada".

Si aceptamos como una verdad reconocida la afirmación de
que en sus escritos se refleja la personalidad de un ser
humano, los versos de Julia Gómez Núñez la retratan
como una mujer de indiscutible nobleza de alma, apegada
estrictamente a los altos valores del espíritu. Pero esa
delicadeza anímica, esa profusión axiológica, se hacen más
patentes en la segunda parte de la obra, dedicada a cantos
infantiles, que hubieran hecho el deleite de sensibilidades
tan especiales como las de Claudia Lars o Gabriela Mistral si
hubieran tenido el encanto de leerlos. Algunos de esos
poemitas delicados, con nombres como "Duérmete, Mi
Niña" o "Los Animalitos le Dan Gracias a Dios" podrían
ser incorporados en antologías de literatura infantil. En
uno de ellos la autora resume su sentir sobre el mundo:

"¡Oh, Señor, cuánta belleza
existe en la naturaleza!
Cuánta paz, cuánta ternura
se siente en una noche oscura...

¡Porque allí, mi Dios,
Te encuentras Tú!"

La autora, con devoción filial, ha querido rendir un
homenaje a su señor padre, el periodista José Gómez
Campos, y ha incluido en el mismo tomo de sus poemas el
libro de él, titulado "PAISAJES PSICOFÍSICOS", cuya
valía la atestiguan nada menos que Salarrué y Arturo R.
Castro. Es un complemento que enaltece sin duda el
volumen y a ella.

En una época en donde prevalecen la violencia y la
crueldad, "MI PENSAMIENTO AZUL" es como un
bálsamo que trae serenidad y armonía dentro del caos
reinante. Sólo eso sería una valiosa contribución de la

Poeta al mejoramiento espiritual de El Salvador, pero muchas de sus estrofas sin duda edifican la conciencia con toques de nobleza y de bondad que dan sosiego y paz espirituales a quienes han tenido el privilegio de degustarlos.

Todos los versos de Julia Gómez Núñez, contenidos en este libro encantador, son como el primer poema que ella escribió el 16 de Abril de mil novecientos setenta y dos, cuando falleció su madre idolatrada: "UN CANTO DE ESPERANZA", cuya estrofa final sintetiza el sentir de su alma fina y delicada:

"Cuando el estuche que nos fue prestado,
baje a la tierra a convertirse en polvo...
No estemos tristes. No lloremos:
¡QUE LA VIDA HA COMENZADO!"

San Salvador, Noviembre de 2010

Dr. Alfredo Martínez Moreno.

Salvadoreño. Abogado, Profesor de Derecho Internacional. Ex Canciller de la República. Ex Presidente de la Corte Suprema de Justicia. Director Emérito de la Academia Salvadoreña de la Lengua. Autor de obras literarias, jurídicas e históricas.

Copyright © 290-2007 y Copyright © 49-2011:
De: Julia Gómez Núñez.

Copyright © 290-2007 - Poemas escogidos de la primera
parte de la Obra: "MI PENSAMIENTO AZUL", Por:
Julia Gómez Núñez, la cual consta de 1.293 poemas, fue
registrada con el Certificado de Depósito Número 290 -
2007   en la Dirección de Propiedad Intelectual -
Derechos de Autor del Centro Nacional de Registros, San
Salvador, El Salvador, Centro América, el 7 de Agosto de
2007.

Libros de la Autora:

Copyright © 49-2011 - POEMAS ESCOGIDOS - LIBRO
I de la Obra: "MI PENSAMIENTO AZUL" Por: Julia
Gómez Núñez, en colaboración con el libro "PAISAJES
PSICOFÍSICOS"   del poeta José Gómez Campos,
registrado el 14 de Febrero de 2011 con el Certificado de
Depósito No.   49-2011 en el Registro de la Propiedad
Intelectual-Unidad de Derechos de Autor del Centro
Nacional de Registros de San Salvador, Oficio No. 00911.

"MI PENSAMIENTO AZUL" es el sentir de muchos años en el mundo de la fantasía, la realidad y los deseos de un corazón que sueña, que sufre, que llora, que canta y que ríe, en fin, que vive y desea que los demás aprendan a vivir en el mundo sencillo y feliz que añora. El anhelo de transmitir un mensaje de esperanza, aún en medio del dolor es una de mis principales motivaciones

El título de la Colección toma su nombre de un poema que se llama igual, " MI PENSAMIENTO AZUL ", el cual reúne toda la belleza de la naturaleza que me transporta a un mundo de paz y armonía.

Julia Gómez Núñez

ÍNDICE

[18]

Este poema, lo hizo Lita para su padre,
a quien ella no conoció, pues él murió
cuando ella tenía sólo unos meses de edad.

¡CÓMO DESEO HABERTE CONOCIDO!

Por Julia Gómez Núñez

Fue una vida fugaz la que tuviste
un instante de luz en el sendero,
un lucero en la noche de mi vida.

Ahora, que tus versos he leído...
Cuánto amor, cuánta ternura ha caído
sobre el claro manantial que es mi vida.

Cuántas ilusiones habían escondidas,
en lo más secreto de tu corta vida.
¡Cuánto aroma en versos convertida!

¡Oh, señor de la ilusión y de la vida!
¿Por qué apresuraste tu partida,
si eras amigo del verso y de la prosa?

¿Por qué tan poco sé de tu persona?
Sólo sé lo que dejaste entrever en tu poesía.
¡Cómo hubiera querido conocerte el alma mía!

Más tú, señor de los ensueños,
arreglaste muy temprano el equipaje
y tu vida no llegó al ocaso.

¡Cómo deseo haberte conocido, padre mío,
navegar en tu mundo de fantasía
y poder platicar contigo día a día!

Más no se logra todo en la vida.
Pero tú me dejaste un legado…
¡EL MUNDO INMORTAL DE LA POESIA!

---

[1] © 2007 - Obra: "MI PENSAMIENTO AZUL",
Por Julia Gómez Núñez
Poema # 2

ESTOS PENSAMIENTOS

Por Julia Gómez Núñez

Estos pensamientos que a raudales llegan
desde la ribera de mi mar de ensueño,
llegan tan ligeros sin dar previo aviso,
que a veces los siento que son como intrusos.

A veces se apenan: tímidos se marchan,
pero con los días de nuevo regresan.
Son como mis hijos: a veces me cansan,
pero con cariño les abro mis brazos.

Cuando estoy cansada rechazo sus juegos,
después me arrepiento y los llamo de nuevo.
Siempre les pregunto: ¿Por qué me escogieron?
Y ellos responden: Te amamos, te amamos.

Vuelvo a mis preguntas. Serios me contestan,
si tú nos desprecias, pronto moriremos.
¿Por qué si otras manos podrán escribirlos
con metro, estilo, puntuación y acento?

Más, ellos responden: Madre, solo hay una.
En otras seremos pequeños extraños.
Tal vez nos harían decir cosas vanas,

cantarle a la muerte con luto en el alma.
Más tú siempre dices: sólo es la frontera,
y nunca le temes.

¡No nos abandones porque moriremos!

2 © 2007 - Obra: "MI PENSAMIENTO AZUL",
        Por Julia Gómez Núñez
Poema # 7

SON LOS REGALOS DE DIOS

Por Julia Gómez Núñez

El Anciano bondadoso
me sonríe con amor.
Ven, me dice, y escucha:
Oirás pasar la brisa
y cantar al ruiseñor.

Bailarán las margaritas.
Son los regalos de Dios.
Pon atención, hija mía,
descifra la voz del viento
que trae mensajes de amor.

Disfruta la soledad,
el silencio y la paz.
En ellos encontrarás
toda la sabiduría que
en la vida has de necesitar.

Una cosa es vivir y otra,
saber vivir. Todos los tiempos
son buenos. Solo debes de pensar
que, aquí o en la Eternidad,
siempre debes de buscar...

¡La Paz que sólo Dios puede dar!
Levantándose el Anciano
puso su mano en mi frente
y caminando lentamente
se alejó de aquel sendero

dándome paz y sosiego,
diciéndome desde lejos...
¡Recuerda, recuerda siempre...
que la vida es fugaz!

---

[3] © 2007 - Obra: "MI PENSAMIENTO AZUL",
Por Julia Gómez Núñez
Poema # 8

¡NINGUNA MARGARITA SE HA SECADO!

Por Julia Gómez Núñez
Para mi amiga Isabel Dada

Caminando por el prado,
ese prado que tanto he amado,
de pronto me doy cuenta...
¡Todas las margaritas se han secado!

Silenciosa y cabizbaja,
busco refugio entre los árboles.
Mi voz se pierde en la nada.
He perdido la paz, Señor amado.

Miro hacia el cielo en busca de
mi amigo el lucero, pero
la luz del sol lo ha ocultado.
Extiendo mis manos en busca

de la brisa, pero ella se ha alejado.
Sólo veo aquel sendero
a donde siempre he encontrado
a mi amigo, El Anciano Bondadoso.

Viene hacia mí, sonriendo muy alegre.
Hola, me dice, ¿cómo la vida
te ha tratado? Y yo, al verlo,
suelto el llanto que tenía aprisionado.

Mi amigo El Anciano, me tomó de la mano.
Vamos, me dijo, ¿Por qué no ríes?
¿Por qué no haces castillos en el aire?
¿Por qué no juegas con la cola del cometa?

¿Acaso has perdido tu alma de poeta?
¿Ya no sueñas como antes, hija mía?
¿Ya no piensas que las gotas de lluvia
son brillantes que el Cielo te regala?

¿Por qué has dejado de buscar al final
del arco iris tu tesoro? ¿Ya no escuchas
al pequeño grillo tocar su violín de oro?
¿Ya no ves danzar las mariposas?

Señor, le digo, la paz que Tú me diste,
me la han quitado. Ya no escucho el canto
de las aves, ni puedo oír al susurrante río.
¡Todo, todo es mentira, Señor mío!

La soledad ya no es mi amiga
y el silencio me está volviendo loca.
Quiero gritar, para sacar de adentro
toda mi ira contenida.

Aquellos en quienes yo confiaba,
todos, todos, me engañaban. Se robaron,
no solo la paz que Tú me diste, sino que
también el fruto del trabajo honrado.

El Sabio Anciano se volvió muy serio.
Ya no reía. Sólo me escuchaba.
De pronto, tomó mi frente y... Me besó
muy dulcemente, y secándome el llanto,

me dijo suavemente: Así es la vida,   pero
tenemos que aceptarla.   Recuerda, hija mía...
Es mejor dar que recibir.   Sé humilde y
perdónalos como yo te he perdonado

y verás que en el prado, ninguna...
¡Ninguna margarita se ha secado!

[4] © 2007 - Obra: "MI PENSAMIENTO AZUL",
         Por Julia Gómez Núñez
Poema # 3

¡ÉSTO, SEÑOR, ES LA GUERRA!

Por Julia Gómez Núñez

Es una vida sin gloria,
es una paz sin silencio,
es una tierra sin flores.

Es un Octubre sin vientos,
una aurora sin colores,
una niñez sin sonrisas.

Una noche sin estrellas,
una luna que no alumbra,
una rosa sin aroma.

Un mar que no tiene olas,
un sol que no nos calienta,
un atardecer sin trinos.

¡Ésto, Señor, es la guerra!

Poema # 12

NÉCTAR

Por Julia Gómez Núñez

Sedienta mi alma
del Néctar Divino
de la Inspiración,

remontó los cielos
buscando consuelo
y no lo encontró.

Más, yo no sabía
que el Néctar caía
del Manto de Dios.

No necesitaba
remontar los cielos,
buscar en la nada:

el Padre amoroso,
me lo regalaba y yo…
no comprendía.

Cerrando mis ojos
al mundo y sus ruidos,
quedé en el vacío.

Y Aquél que no vemos,
Maestro Divino,
el Néctar me dio.

---

[6] © 2007 - Obra: "MI PENSMIENTO AZUL",
Por Julia Gómez Núñez

ESTE MUNDO IDEAL
QUE TÚ ME HAS DADO

Por Julia Gómez Núñez

Ese caudal de hermosos pensamientos
que Tú, Señor, me has regalado,
me han de acompañar mientras yo viva.

¿De dónde salen las palabras?
¿Cómo se hilvanan tantas ideas
formando mosaicos de colores?

Verdes hojas, movidas por el viento,
frescos y transparentes manantiales,
otras veces caudalosos ríos.

Cielos azules, cárdenos celajes,
blancas guirnaldas sobre mares grises,
graciosas flores de mil colores.

Noches oscuras, la luna blanca,
luces y sombras, luceros y estrellas,
delicados colores formando el arco iris.

Frágiles gaviotas en la lejanía, verdes
praderas, sonrosadas luces en la aurora.
Este mundo ideal que Tú me has dado,

¿a quién le quedará cuando yo muera?
¿Quién con palabras pintará estos paisajes?
¿Acaso me acompañarán cuando me vaya?

¿O manos invisibles seguirán por siempre
hilvanando mis ideas? ¿Quién escribirá
en el papel, cuanta belleza veo?

Mirando con los ojos del alma todas las cosas,
buscando entre la bruma mariposas.
¡Diciendo que la vida es hermosa!

---

[7] © 2007 - Obra: "MI PENSMIENTO AZUL",
       Por Julia Gómez Núñez
Poema # 4

EL JARDINERO

Por Julia Gómez Núñez

Alegre viene la primavera
regando flores por la pradera.
Allá a lo lejos se ve un sendero
donde camina El Jardinero.

Traje de manta, sombrero de paja,
se ha sentado sobre una laja.
Las aves cantan con alegría,
se han posado en su rodilla.

Y, Él, contento, la mano extiende.
Ellas tranquilas, se van comiendo
aquel maicillo que les ofrece.
Sale la liebre de su escondite,

llega corriendo el blanco conejo
y la ardilla, siempre intranquila,
se queda quieta, sólo los mira.
Todos se acercan al Jardinero.

Ninguno de ellos le tiene miedo.
Les habla suave, tiernas palabras,
que yo escucho pero no entiendo.
Les cuenta cuentos que ellos gozan.

[37]

Llega el mapache con su antifaz,
las manos limpias, porque al río
las fue a lavar. Su amiga la brisa
se las secó. El armadillo

que es muy miedoso, se aleja un poco,
y muy cauteloso se va acercando, se va
acercando...Siempre ha sido un gran
curioso. Todas las aves alzan el vuelo,

pues caminando muy despacito
se va alejando El Jardinero.
Sobre las alas de su sombrero
todas las aves le ponen flores.

[8] © 2007 - Obra: "MI PENSMIENTO AZUL",
Por Julia Gómez Núñez
Poema # 5

Desde temprana edad, Lita comenzó a construir
Versos sin escribirlos. Este es el primer poema
que Lita escribió, el día 16 de Abril de 1972, día en
que muere su amada madre y el dolor le sale en
versos que plasma en papel.

UN CANTO DE ESPERANZA

Por Julia Gómez Núñez
Para mi amiga Emma Schönenberg R.

Cuando el decrépito cuerpo se termine
y el alma se remonte a las Alturas,
en un remanso de blancura, bañada
quedará de juventud eterna.

Esas aguas que por siglos se han buscado,
encontrarlas aquí, no se podría.
Es el premio que nos tiene preparado
el Dios inmortal que todo lo ha creado.

Cuando el estuche que nos fue prestado,
baje a la tierra a convertirse en polvo...
No estemos tristes. No lloremos:
¡QUE LA VIDA HA COMENZADO!

---

[9] © 2007 - Obra: "MI PENSMIENTO AZUL",
Por Julia Gómez Núñez
Poema # 998

DESEO

Por Julia Gómez Núñez

Deseando un beso
fugaz y travieso
de tu linda boca,

fue mi pensamiento,
más veloz que el viento,
en busca de ti.

Y de tu sonrisa,
dulce y hechicera,
me quedé prendado.

Y de tu recuerdo,
y de tu hermosura
vivo enamorado.

Pero no sabía
cuánto me querías,
dulce amada mía.

Y juntos nos fuimos.
Al cielo subimos,
y allí nos perdimos.

LA FLAUTA MÁGICA

Por Julia Gómez Núñez

La flauta mágica que el zenzontle toca,
se eleva hasta el cielo. Este artista
que su flauta toca, es el alma
inmortal de nuestra raza indiana.

Es tal vez el alma de Atlacatl que
siempre añora volver a su poderío que
en otra hora, el hombre blanco le quitara.

¡Oh, zenzontle, señor de la espesura,
flautista portentoso, quién pudiera
como tú, cada mañana,
tocar esa flauta melodiosa!

[11] © 2007 - Obra: "MI PENSMIENTO AZUL",
Por Julia Gómez Núñez
Poema # 1004

DEJA QUE OTROS LEAN
LO QUE TÚ ESCRIBES

Por Julia Gómez Núñez

Ama tu ritmo. Ama tus versos.
Deja que broten los puros pensamientos
que nacen sin esfuerzo alguno.

Deja que salga el corazón hecho palabras,

que se transformen así tus sentimientos
en sueños, ilusiones y canciones.
Deja que otros entren a tu mundo,
a ese mundo ideal, el que deseamos,

ese mundo de ingenuidad y fantasía
en el que vives y juegas a hacer poesía.
Deja que lean lo que tú escribes para que,
igual que tú, escuchen el canto de la brisa

y sientan su caricia. Que dejen que el viento
se enrede en su pelo y les ponga una guirnalda
de luceros. Que aprendan a escuchar al viento
que entre los pinos toca sus violines.

[42]

Que vean que las mariposas son unas
hadas hermosas que bailan entre las rosas.
Que escuchen la canción del río
que entre murmullos va diciendo:

Ama tu ritmo. Ama tus versos,
que tengan sueños, ilusiones y canciones.
¡Deja que otros lean lo que tú escribes!

12 © 2007 - Obra: "MI PENSMIENTO AZUL",
Por Julia Gómez Núñez
Poema # 6

UNA LUZ EXTRAÑA

Por Julia Gómez Núñez

Una luz extraña entró en mi alcoba;
una luz tan suave como la aurora;
una luz que ardía con sólo mirarla.

Era de esas luces que son un misterio:
de pronto aparecen y desaparecen.
Era una estrella que me iluminaba.

Siempre, siempre la he visto:
en noches oscuras, en noches sin luna,
en la madrugada cuando canta el gallo.

¿Qué misterio es éste? Siempre preguntaba.
Cuando está ausente, se me va la vida.
Cuando aparece, se ausenta la muerte.

¿Cuál es el misterio de esta luz divina,
que estando triste me da alegría,
las penas se esfuman y renace el día?

Ya no es un misterio: se fue la neblina.
Tu dulce mirada siempre sonreía.
Esa era la luz que en la alcoba entraba.

¡Oh, madre querida! Mi luz misteriosa
estaba en tus ojos, estaba en tu risa
y es por eso que siempre la veía.

---

[13] © 2007 - Obra: "MI PENSMIENTO AZUL",
Por Julia Gómez Núñez
Poema #   116

GLORIA A TI, PATRIA AMADA

Por Julia Gómez Núñez

Que el viento traiga repiques de campanas,
campanas que suenen jubilosas.
Que el viento traiga aromas de reseda.

Que el cielo se adorne con nubes vaporosas,
que los montes, todos, con su traje verde
canten la gloria del Dios Omnipotente.

Que tañan las campanas con alegría.
Que en la escondida cueva tejan sutiles
telas las arañas y den la buena nueva.

La guerra fratricida ha terminado.
En silencio se quedaron los cañones.
Juntos han de caminar estos varones

que de la luz del día se han enamorado.
No se oirá el clarín de los soldados.
La diana han de tocarla los zenzontles.

Ya no se oirán apresurados pasos.
En los surcos sólo habrá maizales.
¡Viva la Paz! ¡Honor a los caídos!

¡Paz y Bonanza a la tierra amada! ¡Que
siempre tenga la frente coronada de laureles
y en las manos, el cuerno de la Abundancia!

¡Gloria a ti, Patria amada!

---

[14] © 2007 - Obra: "MI PENSMIENTO AZUL",
Por Julia Gómez Núñez
Poema # 1171

LIBERTAD

Por Julia Gómez Núñez

Rugen los cañones: anuncian Libertad, fin
a la muerte. Las botas de combate suenan
suavemente, ya no en los montes ni en los cerros.

Ya los fusiles no vomitan fuego.
Ahora se levantan hacia el cielo
para decir, Patria querida, no verás

hombres extraños pisotear tu suelo.
Ondea sin temor, Bandera nuestra,
que nosotros velaremos y en silencio

oiremos las marciales notas de tu Himno.
Dios, Unión y Libertad escritas en el cielo
y no habrá mano que profane estas palabras.

Patria querida, que un día vimos desgarrarte,
vive por siempre, no desmayes, que aún
hay hijos que te amarán por siempre.

UN VARÓN LLAMADO POETA

Por Julia Gómez Núñez

El que dice que existe un alma, que
hay un alma en el alma de las cosas,
y no pregunta a donde se va cuando
se muere... Ése, creo yo, es un poeta.

El que duda y que piensa todavía
en la muerte seca, fría y con guadaña,
creo que porque quiere, se engaña
al simbolizar la vida con la nada.

Aquel varón que supo hacerle frente,
que aún sabiendo, que la muerte siempre
gana, es en verdad un buen y gran poeta...
A ese poeta van mis versos.

A ése, que sabiendo que se muere,
deja entrever en su agonía,
que la vida es corta, pero piensa:
¡Hay esperanza, todavía!

CUANDO ME HAYA IDO

Por Julia Gómez Núñez

Cuando ya esté fría, cuando esté yerta
y mis ojos no puedan mirarte…
Y de mis mejías el color se acabe
y mi boca no pueda hablarte…

Cuando de mis manos el calor se escape
y el cuenco de oro ya no tenga agua
y se haya roto el cordón de plata…
Entonces, mi amigo, verás que no es tarde,

que existe el cariño, la amistad sincera.
Los planes que hicimos para el bien de otros
que espero, mi amigo, puedas realizarlos.
No me tengas miedo cuando ya esté muerta.

Escúchame siempre con la voz serena
pero siempre alerta, quiero que recuerdes
los momentos gratos, la plática amena,
los sabios consejos que siempre me dabas

y que como una niña de esas traviesas,
jamás acataba.   Pero no sabías, que
allá en el fondo los buenos consejos
siempre se quedaban.

Eso, mi amigo, eso es lo que existe.
Eso no se muere.   Recuérdalo siempre.

FLOR MARCHITA

Por Julia Gómez Núñez

Curiosa estrella de la noche
que escondes de día tu belleza
y de noche iluminas las tabernas…

Mujer extraña, de mirar sombrío,
de rojos labios: coral ya moribundo,
de lento andar con que provocas…

Muñeca de la noche oscura,
rosario interminable de amores
que se deshoja como flor marchita…

¿Por qué recoges las miserias de la vida,
curiosa estrella de la noche
que pierdes de día tu belleza?

---

[18] © 2007 - Obra: "MI PENSMIENTO AZUL",
Por Julia Gómez Núñez
Poema # 94

MI ALMA, MI MEJOR AMIGA

Por Julia Gómez Núñez

Caminaba en la mañana
platicando con mi alma,
quien es mi mejor amiga.

Muy suave yo le hablaba
para que nadie escuchara
y loca me creyera.

Oye tú, amiga mía,
¿cuántas horas tiene el día?
Por qué me preguntas eso,

respondió muy asustada.
¿Acaso tú no lo sabes?
Si de niña te lo enseñaron.

¿O es que lo has olvidado?
No te asustes, mi amiga,
es tal vez que estoy cansada.

En estos últimos tiempos
no acaba de comenzar el día
y la noche ya ha llegado.

¿Será porque estamos encerrados
en un mundo automatizado
y ya no vemos los días

y todas sus maravillas?
En eso tienes razón,
me contestó mi amiga.

¡Cuánta prisa sin razón!
Vas caminando tranquila...
De repente, una bocina

y se te sale el corazón.
Los horarios, las entradas,
las salidas, esa prisa.

Ya no se siente la brisa,
solo se siente el calor.
Ya no miras hacia el cielo.

Si te descuidas un momento
te caes en el agujero
que con la lluvia se formó.

¡Ay, amiga, cuánto espanto!
No puedes oír el canto
del pequeño ruiseñor.

Solo escuchas los motores.
Si no te quitas a tiempo,
o no te haces a un lado

puedes morir aplastado.
Mi alma, mi buena amiga,
pensativa se ha quedado.

Un consejo he de darte:
Un refugio has de construir
en donde no entre la prisa.

Muchas ventanas has de hacerle
para que entre la brisa.
Un árbol debes plantar

para que pueda anidar
el pequeño ruiseñor
y lo puedas oír cantar.

Al cielo has de mirar
para tener paz y sosiego.
Allá no hay agujeros

en donde puedas caer
y la lluvia bienhechora
caerá fresca y sonora.

Adiós, me dijo mi amiga,
ya va llegando la hora,
pero tú, siempre recuerda...

Que la paz que tanto añoras
habita dentro de ti,
y sólo tú tienes la llave

para entrar a este mundo feliz.
Adiós. Adiós, me dijo mi amiga,
y al pasar la brisa, en sus alas se marchó.

---

[19] © 2007 - Obra: "MI PENSMIENTO AZUL",
Por Julia Gómez Núñez
Poema # 11

DONDE HABITA MI ALMA ENAMORADA

Por Julia Gómez Núñez

En la hirsuta espesura de los montes,
donde reina el venado y el zenzontle,
donde el río ha formado una cascada,
allí habita mi alma enamorada.

Donde canta el jilguero una sonata
y el sol se despierta en la mañana
y se oculta entre nubes sonrosadas
en coqueteo feliz con la montaña.

Donde Dios se regocija con su Obra,
viendo el atardecer desde la Altura.
Donde el niño feliz arrea la cabra
y la tarde se llena de hermosura…

Allí vive mi alma juguetona,
escuchando el arrullo de la paloma.
Es allí donde mi espíritu ha bebido
el rocío esparcido en la montaña.

Ya, sin sed, regreso con el alma
fresca, y me quedo un momento
extasiada, viendo la grandeza de
Aquél que nunca muere…

¡Allí habita mi alma enamorada!

---

[20] © 2007 - Obra: "MI PENSMIENTO AZUL",
        Por Julia Gómez Núñez
Poema # 23

EN MI MUNDO

Por Julia Gómez Núñez

En mi mundo de papeles y de notas
en que vivo sumergida,
salta mi alma cantarina.
Hace de una cuartilla un bello
libro de versos. El lápiz es
el duende que dibuja mis ideas.

La máquina, mi alegre compañera.
El teléfono me saca de mi ensueño
y vuelvo al afán de cada día.

La chequera es mi verdugo.
Las facturas: mis pecados.
Mi firma: el juez que me condena.

Bulliciosa la calculadora
me aletarga el pensamiento.
Pero aún así, estoy atenta

al susurro de la brisa en mis oídos
y al pequeño duendecillo
que feliz toca a mi puerta.

Entreabro la ventana pero
no abro la puerta: no quiero
que mi alma se me escape.

Aún así, las ideas llegan.
De la rutina me arrebatan
y puedo oír la serenata

del mundo imaginario en que
vivo. Gozo. Suspiro. Y me
voy al mundo… Al mundo mío.

[21] © 2007 - Obra: "MI PENSMIENTO AZUL",
Por Julia Gómez Núñez
Poema # 45

QUE NUNCA DEJE DE EXISTIR LA FANTASÍA

Por Julia Gómez Núñez
Septiembre 2005

Abramos surcos en el mar.
Veamos florecer hermosos rosales.
Busquemos escondidos manantiales.
Oigamos cantar a los pajarillos,

porque el viento, niño travieso,
les ha mecido sus nidos.
Oigamos la voz del universo
en la soledad y el silencio.

Escuchemos el rumor del río.
Seamos flores que al pasar la brisa
dejan que se lleve el polen
y veremos en los valles mil colores.

Dejemos que florezcan los lirios
en el campo y las blancas azucenas.
Las humildes margaritas que
anoche eran brillantes estrellitas.

¡Agradezcamos a Dios porque nos
ha dado el don de volar sin tener alas!
¡Que nunca deje de existir la fantasía!

---

[22] © 2007 - Obra: "MI PENSMIENTO AZUL",
Por Julia Gómez Núñez
Poema # 120

NATURALEZA MUERTA

Por Julia Gómez Núñez

¿Existe la naturaleza muerta?
¡Todo el Universo tiene vida!
Los árboles elevan sus ramas
hacia el celeste infinito del cielo.

¿Por qué pensamos que los astros
carecen de vida? La tienen:
el sol duerme en el ocaso;
la luna despierta por la noche;

las estrellas parpadean desde lejos;
el mar en continuo movimiento;
el sol que despierta radiante.
¡Absolutamente todo tiene vida!

¿Cuál es la naturaleza muerta?
El hombre con sus pensamientos
grises como nubes de tormenta.
Esa es una naturaleza muerta.

La miseria, la ignorancia.
Esa es… Otra naturaleza muerta.
La guerra, el hambre, el odio,
el ansia insaciable de poder.

Decimos que el río siempre canta.
El lago es el espejo de la luna.
Los insectos: el mundo de la noche.
El Universo entero tiene vida.

¿Por qué el hombre se empeña
en morir de nostalgia y de hastío?
¿Por qué no somos criaturas vivas,
con sueños, con anhelos?

Somos lo que queremos ser.
Tenemos lo que hemos deseado.
Seremos felices o desgraciados
y... También somos hijos de Dios.

Toda la naturaleza vive.
Vivamos nosotros y dejemos
vivir a nuestros semejantes.
No hay naturaleza muerta:

¡SOMOS NOSOTROS
LOS QUE LA MATAMOS!

---

[23] © 2007 - Obra: "MI PENSMIENTO AZUL",
Por Julia Gómez Núñez
Poema # 194

EL DON DE VOLAR SIN TENER ALAS

Por Julia Gómez Núñez

Corrí por montes y por valles
cantándole a la vida, y no pensé
en que la muerte, mi amiga,
un día mi puerta tocaría.

Ahora que los años han pasado,
veo que la niñez se fue; también,
la juventud quedó escondida
y llegó la vejez que no esperaba.

Pero quiero agradecerle a Dios
el don de amar y ser amada,
la voluntad de ser honrada
y los versos que son una cascada

que llegan a mi mente aunque
esté cansada. Es agua viva que
jamás se acaba. Gracias, Te doy,
por ese don de ver la vida

con ojos de inocencia y de pureza,
porque puedo ver en la naturaleza
todo lo que los años me han dejado.
Pude beberme el néctar de las flores,

porque también fui mariposa.
Pude saborear el dulce vino de
una prosa que otros para mí
escribieron y vi que yo también

podía decir en versos lo que sentía
al ver que el campo florecía, que
en el cielo las estrellas parpadeaban...
Y pude transformar la negra noche

con el hechizo de luz de luna.
Caminé bajo los pinos que cantaban
al pasar la brisa y pude saber
que la sonrisa hace amigos.

Oí tocar al grillo su violín de oro.
Escuché el murmullo de los ríos y
pude encontrar por el camino el
fresco manantial que estaba escondido.

Pude escuchar el canto de las aves,
platicar con mis amigas golondrinas
y pude ver que detrás de las colinas
el sol se duerme como un niño.

Por qué, Señor, no decirlo ahora, que soy
un ser privilegiado, que pude ver lo que
otros no veían y pude escuchar la melodía
que a Ti, Señor, Te canta el Universo.

Ahora puedo descansar tranquila
y esperar a que el viento me lleve
a la morada que Tú me tienes preparada.
Pero siempre Te daré las gracias, mi Señor,

Porque me diste el don de …
¡Volar sin tener alas!

[24] © 2007 - Obra: "MI PENSMIENTO AZUL",
Por Julia Gómez Núñez
Poema # 294

¡ESFÚMATE, TRISTEZA, PARA SIEMPRE!

Por Julia Gómez Núñez
Para mi querida amiga Emmita.

¡Esfúmate, tristeza, para siempre!
Y reine por doquier la alegría.
Aunque el viento sin piedad arrecie
y caiga enfurecida la tormenta,
siempre habrá un refugio que te abrigue.

Sólo amor regaste por doquier.
Es hora de cosechar lo que sembraste.
Ahora es el momento de la siega:
doradas las espigas te esperan
y las vides los racimos te regalan.

El viento mece los trigales.
El sol ha madurado todas las uvas.
Come el pan bien merecido
y brindemos con el vino nuevo:
amor sembraste, amor cosecha…

¡Que esta vida es pasajera!

TU HERENCIA SAGRADA

Por Julia Gómez Núñez
1972

Oh, padre bendito
tu herencia sagrada
conservar quisiera.
Herencia preciosa

que a pocos nos deja
ver esta vida
con ojos poetas.
Herencia grandiosa

que hace que veamos
que la vida es corta,
que las horas pasan,
que los días vuelan

dejando el recuerdo
de la primavera.
Mirando la vida
desde la ventana

de mi gran castillo,
forjando ideas
de muchas maneras,
de donde de un insecto

sale un hada buena
y de un capullo
cubierto de rocío
sale una princesa

saludando airosa.
Todas estas cosas
salen a mi paso,
llenando mi vida

de horas preciosas.
En este espejismo
quisiera vivir
y siempre tener...

¡Tu herencia preciosa!

[26] © 2007 - Obra: "MI PENSMIENTO AZUL",
Por Julia Gómez Núñez
Poema # 1001

MI PENSAMENTO AZUL

Por Julia Gómez Núñez
Para mi sobrina Lichita Schönenberg,
con todo mi cariño.

El ala azul de mi pensamiento
voló sobre los mares.
Al cielo le quitó su manto blanco
y lo cubrió de pétalos rosados.

Formó así, un bello atardecer
y muchas aves, creyendo
que eran flores, la miel
quisieron extraerle al cielo.

Volvió mi pensamiento.
Ya no era azul...
Se había vuelto transparente.
El mar quiso imitarle.

Formó guirnaldas
con su blanca espuma y
de nuevo, las aves confundidas,
sedientas de la miel de los jazmines...

¡Prisioneras se quedaron en la espuma!

NOTA: Este poema inspiró a Lichita en la
creación de la portada de mi Obra.

EN SILENCIO SE QUEDÓ MI LIRA

Por Julia Gómez Núñez

En silencio se quedó mi lira. ¿Se
quedó dormida para siempre? O la
escucharé de nuevo alegre y juguetona
haciéndome saber que no estoy sola.

Sus cuerdas harán vibrar mi pensamiento
y me dirán, sé valiente, ríe y canta,
que la vida es pasajera y todo queda.
Canción de cuna cantará mi lira.

Su canto hará brotar pequeños manantiales.
Sembrará de flores praderas y valles
y de nuevo veré las aves en el cielo y podré
deshojar las blancas margaritas diciendo:

¿Me quiere?... ¿No me quiere?... ¡Sí, me quiere!
Mi corazón escucha su canción diciéndome,
sueña, sueña, vive de ilusiones, porque
los sueños siempre serán sueños.

Mi alma se volverá blanca mariposa
y la miel beberá en el jardín florido.
De nuevo el viento se enredará en mi
pelo y en los árboles mecerá los nidos.

Mi lira es de cristal, sus cuerdas son de
plata. Escuchará mi corazón, su dulce
serenata. Y volverá a vivir en verdes
valles y del cielo caerán las estrellitas...

Y se volverán blancas margaritas.

LOS DULCES RECUERDOS

Por Julia Gómez Núñez

Del cielo, la gloria;
del mar, lo profundo;
de mis pensamientos,
los dulces recuerdos.

Del alma inquieta,
la paz añorada;
de tu joven cuerpo,
la dulce fragancia.

De tus ojos tristes,
lágrimas brillantes,
cristales diluidos
se han resbalado.

Del amor gozoso
que ayer tuvimos
solo los recuerdos
quedaron grabados.

[29] © 2007 – Obra: "MI PENSAMIENTO AZUL",
        Por: Julia Gómez Núñez
Poema # 657

MISTERIOS LOS DE NATURA

Por Julia Gómez Núñez

Tiemblan las gotas de lluvia
sobre las flores dormidas,
sobre los montes y valles,
sobre la tierra sedienta.

En los surcos de tierra morena
van abriendo sus entrañas
plantas verdes, seductoras.
Salen tan de repente que

me quedo extasiada viendo
las maravillas de Dios,
que a la tierra le da vida.
Misterios los de Natura,

dice una voz a lo lejos,
misterios que siempre habrán
y que los hombres verán
mientras exista la tierra.

TE SEGUIRÉ AMANDO

Por Julia Gómez Núñez

Ven, amado mío, veamos la caída de las hojas.
Ayer la primavera nos sonreía. Ahora es el otoño
con las hojas secas que se lleva el viento.
Ayer, entre rosales caminábamos. Ahora...
la tierra fértil espera tu mano amorosa
que siembre de nuevo los rosales.
No te alejes. Vendrá otra vez la primavera
y cubrirá de nuevo los campos de flores de colores.

Verdes serán las hojas de los árboles.
La brisa escucharás diciéndote cuánto te amo.
Tal vez ya no florezcan los rosales pero...
su aroma se sentirá al caer la tarde.

Ven, amado mío, veamos en la lejanía,
el ave que vuela con donaire en el azul del cielo.
Yo, igual que antes, cortaré una margarita
y preguntaré: ¿Me quiere? ¿No me quiere?

Y con las últimas luces de la tarde
escucharé tu voz llena de ternura diciéndome:
Te quise, te quiero y te querré
por siempre, mientras viva y ...

¡Allá en la Eternidad, te seguiré amando!

---

[31] © 2007 – Obra: "MI PENSAMIENTO AZUL",
        Por: Julia Gómez Núñez
Poema # 524

RECUERDO

Por Julia Gómez Núñez

Se fue para siempre
mi infancia querida,
mis días de juegos,
mis noches de ensueño.

Se fue como el ave
que emprende el vuelo
a tierras lejanas
donde morirá.

Quedó como un eco
las risas alegres,
los cuentos de antaño...
ya no volverán.

Recuerdos... recuerdos...
de días lejanos,
de noches de duendes
y torres de marfil.

De hadas hermosas,
de príncipes bellos,
que traen veloces
alados corceles.

Todo se ha ido.
Todo ha terminado.
Pero su recuerdo...
jamás morirá.

¡QUE MARAVILLA!

Por Julia Gómez Núñez

Del duro pedernal
brota la llama:
azul, celeste y fina

y en el éter deposita
calor de juventud.
¡Llama bendita!

Airosa te levantas,
salida de la nada,
de tules tu vestido.

Pequeña danzarina
de celestes vestiduras,
te mueves con el viento.

Del duro pedernal,
¡Qué maravilla!
brotó la llama:

¡Azul, celeste y fina!

PARA MI MUNDO

Por Julia Gómez Núñez

Para mi mundo dame
el despertar del sol
en el oriente.

Y el dormir prematuro
de este niño envuelto
entre sábanas de armiño.

Dame del sol el resplandor
amarillento, y en la tarde
el sonrosado del crepúsculo,

cuando parece que se quema
el firmamento. Dale alas a mi
pensamiento. Que mientras

otros te vean en la tristeza...
Yo te pueda admirar
en la naturaleza.

LA FUENTE

Por Julia Gómez Núñez

Era una fuente cristalina.
Era un remanso primoroso,
donde los pájaros bebían
y a las hembras de espejo les servía.

Pero un día, una perversa mano,
la cristalina fuente ensució
y a sus orillas, nunca más,
los pájaros llegaron a que

en sus aguas sus coquetas caras
reflejara. Pobre fuente, solitaria y
triste, que llena de soledad y de
nostalgia poco a poco se secó.

No ensuciemos jamás a una fuente.
No profanemos jamás esos remansos.
No seamos la perversa mano, que …
¡Por placer, a la fuente la secamos!

BRINDEMOS POR TODO LO QUE AMAMOS

Por Julia Gómez Núñez
Para el Dr. Alfredo Martínez Moreno,
en agradecimiento.

Brindemos por el ayer que
tuvimos la dicha de vivirlo:
por ese ayer poblado de recuerdos, de
alegres Navidades, la llegada del Año
Nuevo y el final de un año viejo.

Brindemos también por los que se fueron.
Por esos que nos dieron momentos placenteros,
de aquellos regalos y abrazos que nos dieron.
Brindemos por los que aún vivimos.
Brindemos por el amor que aún sentimos.

Tal vez el próximo Año Nuevo encuentre
mi lugar en la mesa ya vacío y nadie
se anime a ocuparlo todavía, porque aún
sentirán que estoy con ellos y llenarán
mi copa de mi vino preferido.

Brindemos por esta Navidad y Año Nuevo.
Que se llene no con vino burbujeante,
sino que con alegrías y con cantos,
lleno de bendiciones. Brindemos por...
los que ahora estamos y por los que se fueron.

¡Brindemos por ti, por mí y por todos los que amamos!

PLEGARIA

Por Julia Gómez Núñez

Quiero llorar pero no puedo,
porque tú llegas feliz y me sonríes.
¿Qué te hace tan feliz amado mío?
¿Es tal vez sentarte junto a mi y ver el río
que siempre va murmurando un plegaria?

Tomas mi mano con cariño y me dices:
"Ayer soñé contigo. Tú y yo éramos
dos pajarillos que volamos sin rumbo ni destino.
Éramos tan felices que jamás pensamos...
que no había árboles donde construir un nido.

Desperté de pronto y sin pensarlo
puse mi cabeza en tu regazo. ¡Qué paz
y qué armonía sentía en ese instante.
Nada... nada más que tú y yo existíamos.
Y al igual que el río, juntos dijimos una plegaria.

QUIERO BORDAR UN AJUAR

Por Julia Gómez Núñez
Para mis queridas sobrinas.

Quiero bordar un ajuar
para mis niñas queridas:
un ramo de margaritas
para sus blancas cunitas.

Ahora un bonito camisón.
¿Por qué? Me preguntarás.
No ves que ya son
unas lindas señoritas.

Una funda en este día,
un cubrecama después,
una bata primorosa con la flor
del jazmín que cayó ayer.

Unas preciosas cortinas
con encaje español,
para que cuando estén dormidas
no las moleste el sol.

Vienen después los cojines
bordados con querubines,
para que puedan soñar
con música de violines.

UN MUNDO PEQUEÑO

Por Julia Gómez Núñez

Con tu risa alegre,
con tu andar ligero,
siento que me dices:
Te quiero. Te quiero.

Cuando estamos juntos
mi vida es un juego.
Veo que en tus ojos
brillan dos luceros.

Cuando tú preguntas:
¿Quién trajo ese nido?
¿Si puedes tomarlo
y hacerlo tuyo?...

Mi mundo se vuelve
pequeño, pequeño...
En donde sólo tú y
yo cabemos.

---

[39] © 2007 – Obra: "MI PENSAMIENTO AZUL",
   Por: Julia Gómez Núñez
Poema # 461

AUN SOY TU NIÑA

Por Julia Gómez Núñez

Por tu sombra bendita,
por tus manos piadosas,
por tu fresca sonrisa,
le doy gracias a Dios.

Madrecita querida,
¡cuánto, cuánto te extraño!
¡Si mis ojos pudieran
mirarte un instante!

Tu dejaste esa huella
que jamás se ha borrado
y en mí ha quedado
tu eterno cariño.

Mi alma sedienta de
escuchar tus palabras,
de sentir en la brisa
esa suave fragancia

que tenían tus brazos
cuando tú me acunabas.
En tu tierna mirada
reflejarse podían las

luces del alba cuando
el sol no salía y la
lluvia caía de noche
y de día.   En las horas

oscuras en tus ojos
había dos brillantes
luceros que me decían,
te quiero, te quiero.

Eras fresca cascada
que en sus aguas traía
olorosos jazmines
que a mi me gustaban.

Y su aroma ha quedado
embriagando mi vida
y en susurros me dices...
¡Que aún soy tu niña!

Poema # 475

AHORA QUE CUMPLES AÑOS

Por Julia Gómez Núñez

Ahora, hijita mía...
que los años han pasado
sólo puedo recordarte
con tus ricitos dorados
y tu sonrisa de ángel.

Por eso, pequeña mía,
ven y duérmete en mis brazos.
No quiero que te escapes
y te pongas a jugar.
Yo solo quiero que sueñes

y nunca dejes de soñar,
que la vida es un tesoro
que se debe de guardar
en aquella isla tranquila.
Y te vuelvas mariposa

y recuerdes aquella isla
que un día yo te di,
donde el aire trae aromas
de jazmines y de rosas
y encuentres las casitas de coral.

Por eso, muñeca mía,
ahora que es tu cumpleaños,
ven y duérmete en mis brazos
y nunca dejes de soñar...
En tu isla de cristal.

AUN SOY TU NIÑO

Por Julia Gómez Núñez

Ahora soy niño,
Jesusito mío,
por eso te pido
que me des cariño.

Cuando sea hombre
no me des riquezas,
tampoco honores.
Yo sólo te pido...

Hazme un hombre sabio,
prudente, sencillo,
con el alma blanca
como cuando niño.

Que yo siempre crea
que si el mundo gira,
Tu mano lo mueve.
Que si las estrellas

están en el cielo
y nunca se caen,
es porque los ángeles
aún las detienen.

Por eso Te pido...
Cuando sea grande,
controles mi vida
igual que ahora,

que aún soy niño.
Que nunca me falte
el pan y el abrigo,
y Tú, a mi lado,

Jesusito mío,
para recordarme
que aunque sea hombre,
aún soy Tu niño.

PARA MI PEQUEÑA
Y LINDA CAROLINA

Por Julia Gómez Núñez
Para mi sobrina Carolina

El "enano" se te va
pero siempre encontrarás
los honguitos en el jardín
que encontrabas cuando niña.
Nunca dejes de buscar

ese jardín encantado:
siempre, siempre existirá.
Nunca pierdas la ilusión
de encontrar una sorpresa,
hijita de mi corazón.

Cuando ya no esté a tu lado,
regresa a aquel pasado.
No pierdas nunca la fantasía
pues es un mundo de alegría.
Espera siempre un nuevo día.

Nunca dejes de ser niña,
aunque seas ya mayor,
ya que los recuerdos de ayer
nos hacen feliz el presente,
pues aunque yo esté ausente

¡mi amor siempre lo tendrás!

[43] © 2007 – Obra: "MI PENSAMIENTO AZUL",
      Por: Julia Gómez Núñez
Poema # 346

LA FIESTA HA COMENZADO

Por Julia Gómez Núñez

Corriendo, viene corriendo,
el río buscando el mar.
Volando, viene volando,
la brisa llega a jugar.

Las estrellas han formado
un caminito brillante.
La luna se ha despertado
y ya empieza a alumbrar.

Todos los montes y valles
comienzan a bostezar.
Las diminutas luciérnagas
empezaron a danzar.

Don tecolote está alegre,
ya llegó doña lechuza
con sus enormes anteojos.
Todos están muy felices.

La fiesta comenzará.
El grillo que está escondido
su violín les tocará y
un himno a la vida...

¡Todos, todos cantarán!

---

[44] © 2007 – Obra: "MI PENSAMIENTO AZUL",
Por: Julia Gómez Núñez
Poema # 421

MAÑANITA DE MAYO

Por Julia Gómez Núñez

Se despertó la mañana llena de trinos.
El viento barrió todos los caminos.
¡Mañanita de Mayo, qué zalamera!
Te bañaste de noche con luna llena. Los cielos
te envolvieron con su blanca frazada tan suave
como la lana, y calientita te adormitaste.

Las florcitas de Mayo se han juntado
y se pelean por verte, niña coqueta.
El tranquilo ojo de agua se ha impacientado

porque no has llegado a lavar tu cara.
Y tú, muy fresca y bien arreglada,
alegre reías porque la aurora te envidiaba.

La lluvia de anoche dejó a su paso un primoroso manto
blanco para que te cubrieras.
El viento ha barrido todos los caminos

para que al pasar no te ensuciaras.
Mañanita de Mayo, amaneciste bien perfumada
con olor a jazmines y flores blancas.

---

[45] © 2007 – Obra: "MI PENSAMIENTO AZUL",
        Por: Julia Gómez Núñez
Poema # 16

NI VENCEDORES, NI VENCIDOS

Por Julia Gómez Núñez

Gloria a los vencedores.
Paz y respeto a los vencidos.
Eterno honor a los caídos.
Levanten ¡Oh, vencedores!
blancas banderas.
Redoblen los tambores.

Que bajo este cielo no existen
vencedores ni vencidos.
Oremos por los que se fueron...

Loor, loor a nuestra Patria.
No más tumbas a desconocidos.
Levantemos una Patria nueva.

Una Patria sin odios y sin rencores.
Estrechémonos las manos todos:
hermanos, todos hermanos...

Recibámonos todos con guirnaldas.
Coronémonos todos con laureles,
todos en las altivas frentes.

Que bajo este cielo no existan
vencedores, ni vencidos.
Oremos por los que se fueron…

---

[46] © 2007 – Obra: "MI PENSAMIENTO AZUL.",
      Por: Julia Gómez Núñez
Poema # 232

PAZ

Por Julia Gómez Núñez

En aquella ermita
encontré refugio.
Mi alma cansada
se bebió su paz.

Era desolado
el paraje entero.
No había caminos
ni aún un sendero.

El Dios de los cielos
bajó un instante
y en aquella ermita
me dio su consuelo.

Era pequeñita,
de piedra y adobe,
de vetustas tejas
cubiertas de helechos.

No había imágenes
tampoco candelas,
ni aún tan siquiera
las flores del campo.

Un rayo de luna
quitó las tinieblas.
Ángeles bajaron
cantando aleluyas.

En aquellas losas
que el tiempo puliera
caí de rodillas
dejando mis penas.

Más yo no sabía
que aquel santuario
de paz, de reposo,
sólo existía…

¡En mi pensamiento!

MI REGALO

Por Julia Gómez Núñez
Para mi querida Paty

Vengo de una isla tranquila
donde reina la alegría,
donde el mar la está bañando
y a sus pies está dejando

espumas blancas y tibias.
Vengo de un paraíso
de brisas y de palmeras,
donde llegan caracolas

traídas por las mareas.
Donde el sol que está naciendo
calienta todas las cosas
y el coral ha formado

muchas casitas hermosas.
Donde el aire trae aromas
de jazmines y de rosas.
En donde quiero que sueñes

y te vuelvas mariposa.
Esta isla es mi regalo
ahora que cumples veinte,
pues a los treinta he de darte

una llave y un candado.
¿Para qué? Me preguntarás.
No quiero, niña querida,
que el regalo que te he dado

te lo vayan a quitar.
Pero no te aflijas nunca,
que yo siempre te he de dar...
¡Un regalo original!

Poema # 28

¿QUÉ COLOR TIENE EL AMOR?

Por Julia Gómez Núñez

¿Qué color tiene el amor?
¿Blanco... Celeste... O rosado...
O crees que es tornasol?

Un día le pregunté
al Anciano de la aldea
y muy alegre me sonrió.

Dijo, mi sabio amigo:
con el cristal que lo veas,
es el color del amor.

[49] © 2007 – Obra: "MI PENSAMIENTO AZUL",
        Por: Julia Gómez Núñez
Poema # 33

TE ADMIRO, SEÑOR

Por Julia Gómez Núñez

Te admiro, Señor, porque vistes de
blanco los lirios del valle. Porque
cubres de flores la tierra y a los cielos
adornas con todos los astros.

Te admiro, Señor, porque frenas la furia
de los mares, porque has dado al desierto
el oasis, y a los pájaros adornas con
dulces cantos y hermosos plumajes.

Yo te veo, Señor, en el cielo,
en la tierra, en la diminuta flor
y te siento en el aire, en el agua,
en la luz y en el calor.

ESCUDRIÑA EL CIELO Y SUS MISTERIOS

Por Julia Gómez Núñez

Nunca es tarde para amar,
si dentro de ti hay primavera,
si ves reverdecer una ladera
y si escuchas el canto de las aves.

Escudriña el Cielo y sus misterios.
Pregunta siempre al Dios amado,
cuáles son las leyes naturales
que debemos respetar para ser sabios.

Si tienes un momento de descanso,
no lo desperdicies en cosas vanas.
Recuerda que siempre habrá un mañana
y que siempre habrá un manantial

en la montaña y siempre habrá
un árbol que tenga un nido y que
pronto han de volar nuevos pajarillos.
Y a su tiempo saldrán la luna y el lucero.

El sol saldrá por la mañana y
se ocultará por la tarde entre celajes.
El mar siempre tendrá su blanca espuma
y nunca ha de faltar la lluvia

que hace brotar las margaritas en el prado.
El sabio Jardinero estará esperando
en el sendero para darte una
bendición y un... Te quiero.

Que aquél que tenga fe y esté confiado,
jamás ha de quedarse rezagado y
un día al escudriñar el Cielo...
tendrá en sus manos el Universo entero.

---

[51] © 2007 – Obra: "MI PENSAMIENTO AZUL",
          Por: Julia Gómez Núñez
Poema # 55

MI BAÚL DE FANTASÍAS

Por Julia Gómez Núñez
Para mi querida sobrina Sonis

Tengo un baúl lleno de fantasías
que cuando estés triste, muñeca mía,
saca un ramo hecho de campanillas
para que siempre tengas mi compañía.

Son tan azules... ¡que maravilla!
Son pedazos de cielo, hijita mía,
que una madre amorosa te da este día
para que tu alma no sienta melancolía.

Son los recuerdos para un mañana, cuando
sola te encuentres en esta vida. No olvides
nunca que azules fueron las campanillas
que como un recuerdo te di este día.

Sácalas cuando sientas esa nostalgia de
tenerme a tu lado como una amiga para
contarme tus tristezas y alegrías, que aún
ausente, he de arrullarte entre mis brazos.

He de secarte el llanto que de tus ojos como
gotas de agua resbalan por tus mejillas que
para mí serán perlitas de cristal que
se escaparon de mi baúl de amor y fantasía.

MI NENE QUERIDO

Por Julia Gómez Núñez
Para mi querido
sobrino Ricardito.

Dulce canción de cuna
entre mis brazos escuchabas.
Dulces canciones del alma
que en mi corazón guardaba.

Regresé a aquel pasado
tan lleno de ilusiones,
de sueños no realizados,
de risas, juegos y canciones.

Cómo me gustaba ver
tu cabecita de rizos dorados,
esos ojitos tan grises
que curiosos me miraban.

Por eso, cariño mío, mi nene,
mi nene querido, aunque
han pasado los años te canto
una canción salida del corazón.

Recuerda, hijito querido,
que siendo ya un hombre,
mi alma sigue tan tierna
como cuando tú naciste.

Y sigo jugando contigo
mi nene, mi nene querido.

[53] © 2007   Obra: "MI PENSAMIENTO AZUL",
Por Julia Gómez Núñez
Poema # 363

SE ESCUCHA LA VOZ DE DIOS

Por Julia Gómez Núñez

Noche tranquila y serena
noche de viento y de frío
entre los pinos dormidos ...
¡Se escucha la voz de Dios!

---

54 © 2007 - Obra: "MI PENSAMIENTO AZUL",
Por: Julia Gómez Núñez
Poema # 291

TODO ES HERMOSURA

Por Julia Gómez Núñez

El blanco conejo
que es muy travieso,
regañó a la oruga

que feliz comía
las tiernas hojas.
Todo es hermosura:

la verde natura
se adorna de flores
formando con ella

¡Guirnaldas de colores!

---

[55] © 2007 - Obra: "MI PENSAMIENTO AZUL",
Por: Julia Gómez Núñez
Poema # 402

COMAMOS, COMAMOS

Por Julia Gómez Núñez

Tenía la vida
olor a reseda
y a jazmín en flor.

La brisa traía
rosas en las alas:
blancas y rosadas.

Celeste el cielo
el sol ya brillaba.
las nubes jugaban.

A la ronda amigos,
decía el jilguero
entre la hojarasca.

Bailemos contentos,
busquemos gusanos.
comamos, comamos.

Vivamos la vida
un sueño divino
de paz y de encanto.

Poema # 403

LA LIEBRE ES BLANCA

Por Julia Gómez Núñez

Corre la liebre
por los rosales,
Juega alegre
en los naranjales.

La liebre es blanca
como la espuma,
con labios rojos
como la grana.

Corre que corre
por los gramales
y alegre mira
a los pavo reales.

La liebre es blanca
como la lana,
sonríe siempre
por la mañana.

Dicen que vino
del Polo Norte
en un trineo
con muchos renos.

Blanca es la liebre
porque es de nieve,
es un juguete
de blanca lana.

---

[57] © 2007 -   Obra: "MI PENSAMIENTO AZUL",
                  Por: Julia Gómez Núñez
Poema # 413

LA LUNA ESTA ENOJADA

Por Julia Gómez Núñez

Estaba la luna
dormida en el cielo.
Su amigo el lucero
la ha despertado.

La luna enojada,
se fue a la quebrada.
Se metió en el agua,
y salió bien mojada.

La ardilla curiosa
corrió a toda prisa,
tocó la campana
pues ya es de mañana.

La luna asustada
se metió en el agua,
pues si el sol venía
todita su cara sería…

¡Rosada, rosada!

LOS ANIMALITOS LE DAN GRACIAS A DIOS

Por Julia Gómez Núñez

El pajarito en el árbol
le canta al Dios de los cielos.
La ardilla, en la rama,
muy alegre lo saluda.

Las flores están bailando,
el sol las ha despertado.
La hormiga, caminando,
va agradeciendo a Dios

el dulce que ha encontrado.
El zompopo, barrigón,
carga una verde hoja,
y el gusano, escondido,

se está comiendo una flor.
Todos, todos, le han cantado.
Todos, todos, se han juntado
para darle gracias a Dios.

---

59 © 2007 -   Obra: "MI PENSAMIENTO AZUL",
            Por: Julia Gómez Núñez
Poema # 478

DUÉRMETE, MI NIÑA

Por Julia Gómez Núñez
Para mi amada sobrina July.

Cargada de flores
viniste a mí,
y como era Mayo
con gotas de lluvia
tu pelo cubrí.

Las flores que un día
eran mariposas… ahora,
mi niña, son rosas hermosas.
¿Y las margaritas? ¿Y las
campanillas, a dónde están?

¿A dónde los jazmines…?
Y yo te contesto que…
los querubines al cielo
subieron y entre sus alas
con ellos se fueron.

No llores, mi niña,
que yo te daré
un oso de felpa,
gordito y risueño
que te hará feliz,

de pelito castaño
y ojitos cafés,
igualito a ti.
Por eso, mi niña…
cierra los ojitos

y ponte a dormir,
que la luna blanca
te quiere cantar.

Arrorró, mi niña,
arrorró, mi flor,

Duérmete, mi niña,
duérmete, mi amor,
que el arco iris
también ya llegó.
Duérmete, mi niña.

¡Duérmete, mi amor!

ME GUSTA EL CARIÑO

Por Julia Gómez Núñez

Como soy un niño
me gustan los juegos,
también las canciones.

Que me cuenten cuentos
y me den juguetes,
pero más me gusta

que me den un beso
y mucho cariño,
porque soy un niño.

Me gusta reír
y también gritar.
Cuando estoy dormido

me gusta soñar
que la luna es queso
y las nubes son pan.

Siempre estoy contento,
casi nunca lloro porque
están conmigo mamá y papá .

61 © 2007 -   Obra: "MI PENSAMIENTO AZUL",
              Por: Julia Gómez Núñez
Poema # 397

DUÉRMETE, MI NENE

Por Julia Gómez Núñez

Chiquito, querido,
conejo travieso,
te ríes, te ríes,
siempre estás contento.

Tu tierna mirada,
tus pequeños dientes,
tus manos inquietas
que todo lo tocan.

Muñequito mío,
mi nene precioso,
no seas travieso,
no toques las cosas.

Deja quieto al gato,
ya no lo alborotes
que sus largas uñas
te van a arañar.

Juega a la pelota,
toca tu tambor,
súbete a la moto
a abrazar tu pato.

Pequeñito mío
tus ojos brillantes
lo escudriñan todo
buscando a la luna.

Juegas con la hormiga,
persigues zompopos,
al agua le hablas,
al árbol sonríes.

Caminas, caminas
y nunca te cansas.
Duérmete mi nene,
por favor descansa.

62 © 2007 - Obra: "MI PENSAMIENTO AZUL",
Por: Julia Gómez Núñez
Poema # 450

TODOS JUNTOS, GOZAMOS, GOZAMOS

Por Julia Gómez Núñez

A la ronda vamos
a jugar hermanos
unos son zompopos
otros son gusanos.

Y nuestras hermanas
serán mariposas
las más pequeñitas
serán hormiguitas.

Nosotros jugamos
y ellas nos miran
así sus caritas
serán más bonitas.

A la ronda vamos
a jugar hermanos
así, todos juntos,
gozamos, gozamos.

---

63 © 2007 - Obra: "MI PENSAMIENTO AZUL
Por: Julia Gómez Núñez

YA SE VAN LAS GOLONDRINAS

Por Julia Gómez Núñez

Pasaron las golondrinas
en lento y uniforme vuelo
y como puntitos negros
se veían en el azul del cielo.

Ya se van las golondrinas,
otros nidos construirán
y en otros viejos aleros sus
polluelos se dormirán.

El verano las aleja de
la azul inmensidad y
entre árboles frondosos
por un tiempo vivirán.

CIEN ZAPATITOS

Por Julia Gómez Núñez

Caminando, caminando,
va el pequeño gusanito.
Mamá gusano está triste,
no encontró cien zapatitos.

Papá gusano está enojado:
el zapatero lo ha engañado.
No se enoje, mi buen amigo,
es que el cuero no ha llegado.

Usted comprenda, todos
tenemos solo dos patas, pero
su nene, señor bendito, un
ciento tiene. Ven pequeñito,

dice sonriendo, un regalito te
voy a dar. Abre una puerta y
aparecen unos patines con muchas
ruedas. El gusanito ríe contento

y en el prado se va a jugar.
Papá gusano le da la mano.
Venga, amigo, a festejar,
es el cumpleaños del gusanito,

y sus amigos pronto vendrán,
una piñata reventarán,
Y muchos dulces se comerán.
Todos juntitos le van a desear

¡Felicidad! ¡Felicidad!

65 © 2007 - Obra: "MI PENSAMIENTO AZUL",
Por: Julia Gómez Núñez
Poema # 417

JUEGA A LA RONDA, SAPO BOCÓN

Por Julia Gómez Núñez

Juega a la ronda,
sapo bocón, cántame
alegre una canción.

Con tu ronca voz canta
un rorro, que yo gustosa
te escucharé, te escucharé.

Llama a la hormiga,
llama al gusano,
amigo mío, no les hagas daño.

Deja que el grillo toque el violín,
que mis amigos puedan bailar.
Las mariposas llegaron ya.

Todas las flores despertarán.
Los ruiseñores ya se bañaron
en el arrollo que está allá.

Juega a la ronda,
sapo bocón, cántame
alegre una canción.

LA MANO DE DIOS

Por Julia Gómez Núñez

Yo quiero, mi niña,
cantarte un rorro.
Yo quiero que escuches
una linda canción.

Quiero que tú sueñes,
que digas plegarias,
que veas la vida
con ojos de amor.

Que siempre sonrías,
que estés muy alegre,
que veas en todo,
la mano de Dios

Poema # 15

EL GRILLO ENAMORADO

Por Julia Gómez Núñez

Salta la liebre,
canta la rana.
Juega el conejo
siempre travieso.

Ríen las flores,
pasa la brisa.
Con ella lleva
tiernas sonrisas.

Viene la lluvia:
bellas gotitas
caen del cielo
como brillantes.

Sale la luna,
blanca y risueña,
a las estrellas
las aconseja.

Viene el lucero,
gran caballero
y llega el grillo
que se ha vestido

de frac y sombrero.
Se ha enamorado
de la luciérnaga.
Doña lechuza

todo lo mira.
Cuidado amigo,
dice muy seria,
con voz serena

y grandes anteojos.
Allá en el cielo
está un lucero,
lo observa todo

¡Y luego se duerme!

68 © 2007 - Obra: "MI PENSAMIENTO AZUL",
Por: Julia Gómez Núñez
Poema # 429

¿CUAL ES LA PATRIA?

Por Julia Gómez Núñez

¿Dime, tú, cuál es la Patria?
La tierra donde nacimos,
o la que al morir nos recibe.
¿Donde la vida nos sonríe

o la que nos hace llorar?   O,
¿Aquélla que nos enseñaron
a respetar y amar?
Para mí, la Patria es...

el principio y el final,
el aire que respiramos,
la tierra que trabajamos.
La que nos acuna de niños,

nos acaricia de ancianos.
La que guarda los recuerdos
de aquéllos que más amamos.
La que nos dio los amores,

la que se quedó con ellos,
la que nos recibe en su seno
para mandarnos al cielo.
La que tiene un bello Escudo

y una nívea Bandera,
a la que le canto su Himno,
ante la cual me inclino.
Ésta, amigos y hermanos,

ésta es nuestra Patria querida,
porque en ella hemos nacido
y en ella debemos morir.
Hermanos, por siempre hermanos.

¡Libres y soberanos!

[69] © 2007   -   Obra: "MI PENSAMIENTO AZUL",
                    Por: Julia Gómez Núñez
Poema # 1157

[124]

EL CONCIERTO DE
LOS ANIMALES

Por Julia Gómez Núñez

El grillo toca el violín,
el zenzontle toca la flauta,
la paloma toca el bajo
y el ruiseñor el clarín.

El concierto ha comenzado.
Temprano llegó el zompopo,
seguido por el gusano y la hormiga.
Y se sientan en primera fila.

Llega saltando el conejo
comiendo una zanahoria
y se ha quedado dormido...
¡Aquí termina esta historia!

---

[70] © 2007 - Obra: "MI PENSAMIENTO AZUL",
Por: Julia Gómez Núñez
Poema # 418

UN LINDO DÍA

Por Julia Gómez Núñez

Un pajarito blanco
canta que canta.
Un pececito rosado
baila que baila.

Viene doña tortuga,
paso a pasito, cargando
su pesada casa.
Un gusanito curioso

lo mira todo, lo mira todo.
Allá viene doña abeja,
zumba que zumba
muy enojada.

Corre que corre,
viene el conejo
buscando alegre
a doña ardilla.

El señor grillo
abre su estuche
de terciopelo. Viste
mi amigo, frac y sombrero,

Saca orgulloso
su violín de plata
y toca una sonata.
Canta que canta,

doña chicharra.
Pasa la hormiga
trabajadora, regresa
a casa con su comida.

Llegó la noche y
todos cansados.
Un lindo día
se ha terminado.

---

71 © 2007 -   Obra: "MI PENSAMIENTO AZUL",
            Por: Julia Gómez Núñez
Poema # 434

EL SAPITO FELIZ

Por Julia Gómez Núñez

Despacito, despacito
caminando va el sapito,
a lo lejos ha escuchado
una alegre canción.

Es la brisa que ha pasado
tempranito en la mañana
y en el agua de la fuente
flores blancas le ha dejado.

Una flor adormitada
sus ojitos los abrió,
cuando el sol,
niño travieso,

con sus rayos
tiernamente la besó.
Bailan, bailan
diminutas mariposas,

y en el cáliz
de las rosas
suavemente
se quedaron,

viendo al sapito
feliz que
en la fuente
se ha bañado.

Muy alegre se ha
adornado con las
flores que la brisa
en la fuente le dejó.

Poema # 444

JESUSITO YA NACIÓ

Por Julia Gómez Núñez

En el mar están de fiesta:
Jesusito ya nació.
Todos los pececillos,
escamitas de colores,

le han querido regalar
una concha nacarada,
un caracol de cristal
y una casita de coral.

Los caballitos de mar
son los que llevarán
estos preciosos regalos
en una barca de jade

hasta la orilla del mar.
Allí los recogerán
aquellas blancas gaviotas
que tanto les gusta volar.

Una estrella las guiará
a donde está el Niño Dios.
Ángeles le cantarán
¡Hosanna en las alturas!

Toda la tierra se alegra,
todo el mar está de fiesta
y allá en el cielo azul.
todos cantan aleluya.

JESUSITO MÍO

Por Julia Gómez Núñez

Cómo yo te quiero,
Jesusito mío,
y cómo deseo
hacerte feliz.

Quisiera cantarte
como el pajarito
que en la mañana
está en mi ventana.

Quisiera ser la luna,
quisiera ser el sol,
para estar contigo
mi dulce Señor.

74 © 2007 – Obra: "MI PENSAMIENTO AZUL",
Por: Julia Gómez Núñez
Poema # 435

¡OH, SEÑOR, CUÁNTA BELLEZA!

Por Julia Gómez Núñez
Para mi amiga Emma Schönenberg.

¡Oh, Señor, cuánta belleza
existe en la naturaleza!
Cuánta paz, cuánta ternura
se siente en una noche oscura...

¡Porque allí, mi Dios,
Te encuentras Tú!

---

75 © 2007 – Obra: "MI PENSAMIENTO AZUL",
Por: Julia Gómez Núñez
Poema # 10

LLÉVAME A PASEAR CONTIGO

Por Julia Gómez Núñez

El viento pasó alegre
meciendo todos los nidos,
y se fue a la montaña.

Y como es de mañana,
se fue a bañar al río.
Canta, canta, amigo viento.

¡Llévame a pasear contigo!

---

76 © 2007 – Obra: "MI PENSAMIENTO AZUL",
Por: Julia Gómez Núñez
Poema # 479

QUIERO SER UN ÁNGEL

Por Julia Gómez Núñez

Quiero ser un ángel
con el alma blanca
y los pies descalzos.

Quiero caminar
por la tibia arena,
pedirle a la luna

que me dé un pan.
Quiero deshojar
blancas margaritas.

Quiero ver pasar
a los pajaritos
que alegres cantan

al salir el sol.
Ver las blancas nubes
que allá en el cielo

parecen de turrón,
y quiero sentir...
La brisa al pasar.

[77] © 2007 – Obra: "MI PENSAMIENTO AZUL",
Por: Julia Gómez Núñez
Poema # 396

ORACIÓN DE UN NIÑO

Por Julia Gómez Núñez

Cuando me levante
y vaya al colegio,
cuando las lecciones
se vuelvan difíciles...

¡Sé Tú, mi Maestro!

Cuando esté jugando,
cuando yo me ría
porque estoy alegre,
únete a mis juegos...

¡Sé mi gran amigo!

Cuando yo esté triste,
cuando esté cansado,
cuando tenga miedo
y esté asustado...

¡Sé mi compañero!

Cuando me acueste
y pronto me duerma,
dame lindos sueños,
protección y abrigo,
y nunca me dejes...

¡Jesusito mío!

FLORCITAS DE PAPEL

Por Julia Gómez Núñez

De mi corazón salieron
corriendo a tropel
miles de florcitas
de blanco papel.

Corriendo sin rumbo
volaron también
y al cielo se fueron
buscando a Belén.

79 © 2007 - Obra: "MI PENSAMIENTO AZUL",
Por: Julia Gómez Núñez
Poema # 400

SOMOS CINCO HERMANOS

Por Julia Gómez Núñez

Somos cinco hermanos,
Cuá, cuá, cuá
que a la cama vamos,
Cuá, cuá, cuá.

Todos muy juntitos
Cuá, cuá, cuá,
A dormir nos vamos
Cuá, cuá, cuá.

QUIERO SER UN NIÑO

Por Julia Gómez Núñez

Quiero ser un niño
feliz y contento, libre...
libre como el viento.

Ser un pajarito
que alegre canta
de rama en rama.

Ser un pececillo
que vive tranquilo
en aguas azules.

Quiero ser la luna,
quiero ser el sol,
una estrellita

con bello fulgor.
Quiero que me mimen
que me den cariño.

¡Quiero ser un niño!

¿DIME, QUÉ HACES?

Por Julia Gómez Núñez

Canta el grillo,
salta la rana,
pían los pollos,
mugen las vacas,

nada el patito.
Liban las flores
las mariposas
de mil colores.

La abeja zumba.
Pasan veloces
verdes pericos
de sonoras voces.

¿Y tú qué haces,
niño querido,
después de clases?
¿Juegan canicas

o peregrina?
¿Dices alegre
tus oraciones?
¿Dime, qué haces?

82 © 2007 – Obra: "MI PENSAMIENTO AZUL",
Por: Julia Gómez Núñez
Poema # 405

LUNA, LUNITA

Por Julia Gómez Núñez

Mamá, la luna
está llorando
porque la leche
le están quitando.

Mamá, la luna
está contenta
porque la leche
se está tomando.

¿Por qué la luna
siempre es blanca?
Porque está hecha
de blanco queso.

¿Por qué la luna
está siempre alegre?
Porque el sol la está
besando, la está besando.

Luna, lunita,
estate quieta
porque mi niña
duerme su siesta.

RAYITO DE SOL

Por Julia Gómez Núñez

Sobre las olas venía
una barquita blanca,
y un retacito de nube
como vela le servía.

Los caballitos de mar
suavemente la traían
y dos pequeñas gaviotas
sobre las nubes dormían.

Un rayito de sol
a todos iluminó,
y a las gaviotas dormidas…
¡Pronto, pronto, despertó!

¿DE DÓNDE SON LAS HORMIGAS?

Por Julia Gómez Núñez

Mamá, mamá querida,
¿De donde son las hormigas?
¿Son acaso del Japón?

Que ideas tienes, mi niña,
ellas no tienen nación.

Entonces mamá querida,
¿Porqué cuando van caminando
todas se van saludando?

Tienes razón hija mía….
Ellas tienen buena educación.

85 © 2007 - Obra: "MI PENSAMIENTO AZUL",
Por: Julia Gómez Núñez

LOS GATITOS

Por Julia Gómez Núñez

Chiquititos, chiquititos,
van pasando los gatitos:
las orejas bien paradas,
las caritas arregladas,

los bigotes perfumados.
Mamá gata los espera:
un ratón les ha cazado.
Papá gato está enojado,

pues la cena se ha atrasado.
Corren todos a la mesa.
La abuelita los regaña...
Las manos no se han lavado.

Agua y jabón han usado,
las uñas se han limpiado.
Y ya todos muy contentos
al ratón se han saboreado.

86 © 2007 - Obra: "MI PENSAMIENTO AZUL",
Por: Julia Gómez Núñez
Poema # 395

MI OSO

Por Julia Gómez Núñez

De felpa es mi oso,
blanquito y gracioso,
con boca pequeña,
y ojitos curiosos.

Es gordo y sedoso.
Tiene un gorro rojo,
pantalones negros,
zapatos lustrosos.

Me mira en silencio.
Me dice: te quiero.
Levanta las manos
y aplaude de gozo.

PEQUEÑO AMIGO

Por Julia Gómez Núñez

Vuela, vuela
entre las flores
pequeñito colibrí.

Extrae alegre el dulce
néctar del jardín.
Un avioncito pareces,

primoroso pajarito
de lindo plumaje
y de oro tu piquito.

Liba la miel
de todas las flores,
pequeñito colibrí.

Querido amiguito,
corazón de rubí,
mi precioso colibrí.

88 © 2007 - Obra: "MI PENSAMIENTO AZUL",
Por: Julia Gómez Núñez
Poema   # 419

CANTA LA RANA
DE TÍA JUANA

Por Julia Gómez Núñez

Canta la rana
de tía Juana.
Juega la gata
con una lata.

Viene la ardilla
cola parada.
Salta alegre
de rama en rama.

Llega el canario
con un rosario
de margaritas
y pelotitas.

Pasa la brisa
siempre traviesa,
deja en mi pelo
un lindo velo.

La luna es blanca
como la lana,
como el cabello
de Tía Juana.

---

89 © 2007 - Obra: "MI PENSAMIENTO AZUL",
Por: Julia Gómez Núñez
Poema # 412

EL PECECITO Y LA NUBECITA

Por Julia Gómez Núñez

Una nubecita blanca
del cielo ha bajado,
y convertida en flor
sobre el río navegó.

Un pececito curioso
a la flor le preguntó,
¿De dónde vienes, pequeña,
que mi sueño perturbó?

La florecita asustada
sus pétalos cerró.
No te asustes,
no te asustes.

Díjole el pececito,
yo seré tu protector.
Y del fondo de las aguas
una conchita sacó.

Toma, linda princesa,
le dijo lleno de amor,
para cuando estés dormida
no te moleste el sol.

---

90 © 2007 - Obra: "MI PENSAMIENTO AZUL",
Por: Julia Gómez Núñez
Poema # 428

TEJE, TEJE PAJARITO

Por Julia Gómez Núñez

Teje, teje, pajarito,
teje, teje sin cesar.
Pone pronto los huevitos
que yo los quiero mirar.

Teje, teje, pajarito
ese precioso nidito
que ya pronto nacerán
esos lindos pichoncitos.

Teje, teje, pajarito,
que estoy viendo los ojitos
de tus dos lindos hijitos,
que muy pronto volarán.

Y tu precioso nidito muy
solito quedará. Y vendrán
nuevos amores, otros huevos,
otros pichones que...

¡Un día se irán!

---

[91] © 2007 - Obra: "MI PENSAMIENTO AZUL",
    Por: Julia Gómez Núñez
Poema # 313

[149]

¡LOOR A TI, PATRIA QUERIDA!

Por Julia Gómez Núñez

¡Oh, Señor, cuánta grandeza!
El País se ha arraigado en sus
costumbres. Vuelve a sonar
el grito de victoria. Suenan
trompetas y redoblan los tambores.

Marchan tus hijos, nobles y
aguerridos, y en los cielos ondean
los colores de la Paz, la Libertad
y la Esperanza. Cantan el
Himno, angelicales voces.

Marchan unidos, soldados y
civiles, todos juntos: todos son
tus hijos. Noble Patria de
valientes hombres, madre amorosa
que recoges bondadosa

los despojos de una guerra
fratricida. ¡Loor a ti, Patria
querida!, que aún agonizante,
te levantas para tomar
entre tus brazos a tus hijos.

JESUSITO, SÉ MI AMIGO

Por Julia Gómez Núñez

Jesusito, sé mi amigo,
no te apartes de mi lado.
Cuando ya esté acostado,
dame sueños muy bonitos.

Cuando el sol haya salido,
haz que canten pajaritos.
Que a jugar entre las flores,
lleguen lindas mariposas.

Que el cielo tenga nubes
blancas y de colores.
Acompáñame en el colegio,
ayúdame con las lecciones.

Enséñame bonitos juegos,
unas dulces oraciones,
y unas alegres canciones.
¡Jesusito, sé mi amigo!

Poema # 477

BIOGRAFÍA.

JULIA (Lita) GÓMEZ NÚÑEZ, nace en San Salvador, el 24 de Octubre, 1936. Hija de Mercedes y José Gómez Campos. Heredó el don de poesía de su padre, periodista de profesión, quien a pesar de haber muerto a muy temprana edad cultivó la poesía, la prosa y las semblanzas. Buen amigo de Salarrué, Quino Caso, Serafín Quiteño, Saúl Flores, entre otros, poetas de su época.

Julia admira que su padre lograra publicar dos libros, uno de poesías llamado "PAISAJES PSICOFÍSICOS" y otro de "SEMBLANZAS SALVADOREÑAS ", ya que sin conocer la fecha exacta de sus publicaciones, estima que debieron de haberse hecho cuando él rondaba los 25 años. Su padre murió cuando Lita tenía unos meses de edad. A pesar de que su madre las llenó a ella y a su hermana de un inmenso amor, reconoce el enorme vacío de la ausencia de su padre.

Desde temprana edad comenzó a construir versos sin escribirlos, lo que cambia el día 16 de Abril de 1972 en que muere su amada madre, y el dolor le sale en versos que plasma en papel. Desde entonces ha sido un caudal incontenible que no respeta día, ni hora, despertándose a cualquier hora para escribir, dos, tres y hasta seis poemas de una sola vez. Muchos de ellos se perdieron, pues los escribía en cualquier papel que tuviera a la mano, inclusive una servilleta.

Lita, como la llamaba su mamá, y también como la llaman sus amigos, ama lo blanco, el cielo, las nubes y la naturaleza en general. Su vida está marcada por la disciplina, la rectitud, el orden, así como el amor por la lectura y la música clásica. Su amistad con Doña Emmita Schönenberg es el punto de partida para dar a conocer los versos, que a lo largo de treinta y cinco años fue acumulando y archivando. Es Doña Emmita quien recibe los cuadernos, recopila, clasifica y digitaliza la enorme obra de Lita, dándola a conocer entre sus muchas amistades, entre ellas la artista Salvadoreña Isabelita Dada, quien los declama con tal sentimiento, que le da vida a los poemas.

La Fundación Poetas de El Salvador invita a Lita a participar en el VI Festival Internacional de Poesía de El Salvador, llevado a cabo del 1 al 5 de Octubre de 2007, y es así que Lita tiene el privilegio y el honor de estar al lado de poetas reconocidos internacionalmente por su gran experiencia y su larga trayectoria, quienes han escrito muchos libros y quienes han recibido muchos premios y galardones por toda su obra.

"Emma Schönenberg Rivera - Julia Gómez Núñez"

POEMAS ESCOGIDOS - LIBRO I de la Obra:
"MI PENSAMIENTO AZUL"
Por Julia Gómez Núñez

"PAISAJES PSICOFÍSICOS"
Por José Gómez Campos

PAISAJES PSICOFÍSICOS

POR: JOSÉ GÓMEZ CAMPOS

ISBN: Tapa Blanda   978-1-6176-4919-6

Portada Diseñada por: Emma Alicia Schönenberg

Este Libro fue impreso en los Estados Unidos de América.

Para pedidos de copias adicionales de este libro, por favor ponerse en contacto con:
Palibrio
1663 Liberty Drive, Suite 200
Bloomington, IN 47403
Llamadas desde los EE.UU. 877.407.5847
Llamadas internacionales +1.812.671.9757
Fax: +1.812.355.1576
ventas@palibrio.com
219898

[2]

UN LIBRO

El libro de un poeta de sangre. Un libro talismánico, de esos libros caídos de las manos del poeta, como las hojas, del árbol. "Barco que pasa en la noche" con sus fanales temblorosos, arando el mar, sembrando silencio..... Sombra de la paloma que cruza "en la inquietud traslúcida del aire".....

Muy pocos, de seguro, leerán aquí; de ellos muy pocos sentirán aquí. No siempre se llega con sed a un libro de versos.

Este poeta tiene el talante de un príncipe maya. Pero sus ojos son verdes, sus ojos lo DESMAYAN. Su cabeza aquilina, está construida a planos como uno de esos frascos modernos en que vienen los aromas exquisitos. En ella se enfrasca el aroma mejor:

"y mi espíritu entonces fue envolviéndolo todo
con la misma dulzura de un perfume de rosas....."

¡Oh, soñador Xbalanqué, flechero de emociones, bellamente tosco en tus formas, sutil y armonioso en tus ideas, más te habría valido echarte de bruces en el bosque y convencer al grillo, al sapo, al cocuyo!.....

De qué te sirve levantar tu frente plana y altiva emplumada de dolor, entornar lo ojos y verter confidencias en esta época en que los pocos hombres que ya n son animales viven para razonar y no para sentir?.....

Más, ¡quién sabe!.....; pueda que algunos recojan tus flores antiguas para meterlas entre dos páginas de un día. Tus sonrisas de dolor, tus muecas de placer..... Yo que soy novelista y cuentista, extraeré de mi archivo de almas, de esas casillas misteriosas donde se guardan los personajes, una mujer romántica, rubia, blanca, que junto a una ventana abierta al campo, lea llorando en silencio tus versos. Ahí la tienes ya, para ti

la he creado, leerá sin tregua, gozará comprendiéndote, por siempre .....; un caballero noble, trajeado de negro, que en la torre de su castillo, reclinado indolentemente en un sillón abre y lee profundamente; un estudiante de dieciocho, pálido y atormentado, de bruces en su cama con una vela encendida, leyendo palpitante; y una monja atrevida que en la soledad de su celda, a la claridad vaga del vitral cromado, lee, lee, lee tus versos. Y tienes lectores ....., ya es un libro feliz porque como tú mismo dices, el instante de la felicidad llega "cuando las rosas se van abriendo; cuando estás en tu ventana y el niño que pasa te sonríe en silencio; cuando en el crepúsculo sonríes al horizonte quieto, sin saber por qué; cuando....."

SALARRUÉ.

A PROPÓSITO DEL LIBRO "PAISAJES PSICOFÍSICOS"

LABOR DE NUESTROS INTELECTUALES

Penetrante, magnética, y al mismo tiempo diáfana, se recorta sobre el hirviente fondo de la nueva generación esta joven personalidad: José Gómez Campos.

Su vida intelectual, por turno apacible o turbulenta, ha recorrido con vigor los diapasones santos o diabólicos de la inquietud.

Vida desigual, giróvaga, sin raíces, aparentemente adversa a todo sentimentalismo, se le ha visto desalarse a los vientos, asida a las rin e su huracanado destino.

Para pintar el yo mental de Gómez Campos, sería necesario un pincel de lengua áspera, mojado en coloridos vivísimos, sin matices. Pero, en cambio, os diré que su corazón es todo un remanso fragante, donde se retrata la belleza como un firmamento.

Este poeta, me figuro yo, es un flechero con alma de oropéndola.

Y si no, mejor que yo, os lo dirá su libro PAISAJES PSICOFÍSICOS. Leedlo. Hay en él melodía, pesadumbre, suaves endechas, y paz… Oíd:

"Para mi mundo dame la dulzura
de la sombra del ave sobre el campo;
sobre el vago confín de la llanura
de sol ya moribundo, dame un lampo."

[5]

"Dame el suspiro inmotivado; dame
tan solo la intención de un bello trino,
y la lengua del perro, que nos lame,
sin dueño, en la parada de un camino."

Este breve libro, que por sí solo bastaría para fijar
el nombre de su autor en el frontón de la presente época,
encarna solamente la primera jornada fecunda de un astro
medular, que se prepara a trasponer un desenvolvimiento
inicial de grandes alas.

Es la primera cosecha de un numen destinado a
sustentar con virilidad el movimiento de nuestra literatura
en lo hondo del porvenir.

Yo, que veo con abierta simpatía el aparecimiento
de casa legítimo fruto dado en el huerto intelectual
solariego, he acogido con alegría este advenimiento grato a
la musa salvadoreña, seguro de que, con "Paisajes
Psicofísicos", tengo en mis manos el firme despuntar de
uno de nuestros positivos valores poéticos, hoy en amino de
su definitiva madurez.

Porque Gómez Campos, eminentemente personal,
individualizado y conclusivo, se ha -por decirlo así- excluido
a si mismo por un derrotero de u absoluto albedrío, donde
orienta, inmune a las influencias laterales, su espíritu
infaliblemente encaminado hacia la conquista del secular
laurel.

Al significar en estos párrafos el optimismo con
que aprecio la obra actual de nuestro poeta y sus
capacidades para el futuro, ofrézcole también mi personal
homenaje a su triple fisonomía de artista, de hombre y de
compañero.

No terminaré estas líneas, escritas a calor de entusiasmo, sin encomiar del poeta la dedicación de sus "Paisajes" al Doctor Castro Ramírez. -a quien tan bellamente define como "corazón abierto. ala tendida", - porque aquel alentador de juventudes ha sido cerca del nuevo autor un verdadero maestro del estímulo.

José Gómez Campos con la publicación de su primer libro ha ganado, para prestigio propio y galardón de la naciente pléyade, un auténtico retoño de laurel.

Arturo R. Castro.

San Salvador, Marzo de 1929.

BOLÍVAR

.....

BIOGRAFÍA

(Premiada en un concurso promovido por la Dirección General de Correos.)

ANHELOS de independencia palpitaban, desde el siglo XVIII, en las minorías ilustradas de las colonias americanas. Esos anhelos encarnaron en Simón Bolívar, nacido en Caracas, de familia noble, el 24 de julio de 1783. Él dedicó su vida a realizar aquel ideal, muriendo, después de haber tenido el sumo poder y desdeñado honores y riquezas, abandonado, pobre, en San Pedro Alejandrino-Colombia-el 17 de diciembre de 1830.

Bolívar creó cinco repúblicas, y ayudó, indirectamente, debilitando el poderío español, a libertar otras colonias.

Su patriotismo, heroicidad, integridad personal, tenacidad en la lucha, sobrepasan toda medida; no tienen precedente. Tan grande como Napoleón, lo igualó en genio y en espíritu altruista. Más grande que Washington, lo superó en todo, venciendo dificultades infinitamente mayores que las suyas.

La Naturaleza misma parecía favorecer a los opresores: la primera lucha libertadora terminó trágicamente en 1812 con el terremoto de Caracas.

Entre las ruinas, Bolívar exclama entonces: -"Si la Naturaleza se opone, lucharemos contra ella y la someteremos!".

[8]

Palidecen ante ésta todas las frases heroicas de la Historia.

No desmaya jamás. Fracasa. Se levanta una, dos, muchas veces, y consigue al fin el triunfo, a pesar de que la causa de la independencia no era popular: como que el monstruoso Boves la combatió con soldados venezolanos.

Guerrero genial, ganó innúmeras batallas, y sus victorias mayores -Carabobo, Boyacá, Bomboná, Junín- son inmortales. Estadista de visión ilímite, redactó constituciones adecuadas a la época; unió los países libertados por su esfuerzo para constituir una nación fuerte; intentó con el Congreso de Panamá-1826-confederar las repúblicas hispanoamericanas, previendo ataques de naciones poderosas; proyectó el Canal de Panamá, y predijo su importancia universal.

Tales hechos hubieran llenado muchas vidas extraordinarias. Hizo más. Creó en Hispanoamérica la conciencia republicana; encendió en las multitudes el sentimiento del Derecho y la Libertad, tarea más difícil, si cabe, que las otras, nos legó en sus proclamas y en la mayoría de sus escritos, monumentos literarios. Su gloria literaria es tan preclara, como la de patriota, guerrero y estadista.

Los ojos de águila-su rasgo físico más característico-todo lo escudriñan como en un miraje que se extendiera desde su presente hasta el futuro más remoto. Y nada le faltó para ser el más grande de los hombres; ni la amargura que encontró a torrentes, ni la suprema bondad para perdonar ingratitudes.

Su heroica vida consagrada, entera, a libertar un Continente y a formar conciencia de pueblos libres en las masas; su grandiosa visión, que lo llevó a trazar planes internacionales, ahora realizados o en vías de realización, y a prever peligros que hoy estamos viendo, su patriotismo y su amor a la libertad por los cuales desdeñó ser monarca, aceptando tan sólo el título de Libertador, al que luego prefirió el de Ciudadano; y hasta su excelsitud literaria, hacen que su gloria sea universal, y que su figura se agigante, a medida que el tiempo la alce en la perspectiva de la Historia.

José Gómez Campos

ÍNDICE

PAISAJES PSICOFÍSICOS

CANCIÓN DE MIS 25 AÑOS

Yo te quiero, mujer, pero te quiero
fuerte y sexual y pensativa y clara,
porque te hago saber que no te amara.
Si fueras una flor de invernadero.

Te quiero como el agua en la fontana
cristalina y enérgica; sencilla
como tierra que espera la semilla.
Quiero oírte cantar muy de mañana.

Y quiero verte con tus propias manos
bordar pañuelos y plantar rosales:
quiero que tus costumbres sean tales
que me hagas bueno y a mis hijos sanos.

Tengo un sueño burgués: pido a mi suerte
tu corazón, dos hijos, un canario,
un libro (ensayo), una vitrola, un diario,
una conducta definida y fuerte,

y una casa de campo con jardines
en derredor y un árbol elegante
frente a la puerta..... Llegará el instante
de inventarle a la vida nobles fines.

Trabajaré en el campo, y de regreso
escribiré algún verso, alguna prosa,
y tu me premiarás con una rosa
de tu mejor rosal, y con un beso.

Vendrá la tarde, y tú tendrás en ella
una sonrisa intelectual y fina
mientras ves, extasiada, alguna estrella
que tiembla en el perfil de una colina.

QUE LA GRACIA DE ORO.....

A Serafín Quiteño.

Yo era una ilusión -dolor- tras la ilusión de un halo
crepuscular. Un hombre de los de sana médula
vino a mi... -Buenas tardes... Era persona crédula
que temía el encanto del Enemigo Malo.

-Si Ud. Me permite que lo acompañe, Señor...
-En buena hora, mi amigo. (Con color de sardónica,
semejando gran ala de mariposa agónica,
en el vago horizonte parpadeaba un fulgor....)

-Vi mariposas negras, y temo a los agüeros....
-Son almas de mujeres que no amaron. Luceros
son las amantes. Alza los ojos. Sobre el monte

ya brillan. —Si eso fuese verdad, mi buen amigo
que la gracia de oro del azul sea conmigo....
(El fulgor ya era muerto tras el vago horizonte.....)

MI MUNDO

Dame el dulce momento en que las flores
se abren, dame una gota de rocío
temblando bajo suaves resplandores
para mi mundo ideal, el mundo mío.

Para mi mundo dame la dulzura
de la sombra del ave sobre el campo,
sobre el vago confín de la llanura
de sol ya moribundo, dame un lampo.

Dame el suspiro inmotivado, dame
tan sólo la intención de un bello trino,
y la lengua del perro que nos lame
-sin dueño- en la parada de un camino.

Dame de las cisternas silenciosas
claridad ante el Cosmos, dame un largo
desfile de memorias ya borrosas…..
Todo eso es casi nada…

Sin embargo…..

EMOCIÓN CREPUSCULAR

A Arturo R. Castro.

La tarde lila. En la quietud ambiente
hay una como música diluida.
Vibra en mi corazón, canta en mi mente
el ritmo misterioso de la Vida.

Sistemas, sueños, inquietudes, cantos
no valen nada ante esta inmensa gloria.
Dejo el afán que ha consumido a tantos
y gozo la belleza transitoria.

Entre la yerba hirsuta los insectos
cantan la gloria de su vida oscura.
El río, al ondular, brilla, y murmura
madrigales perfectos.

Vaga inquietud de los barrancos sube.
La sombra va opacando los ramajes,
y mientras brillan cárdenos celajes
se disipa una nube.

Ya la sombra llegó. Yo me incorporo
bajo la vasta comba tachonada
por las primeras margaritas de oro,
y empiezo a caminar sin pensar nada.

[18]

ABSTRACCIÓN

Ya sufriste, alma mía, duro y vario
dolor en este mundo, ya sufriste
las voluptuosidades de lo triste.
Ya sabes que el dolor es necesario.

Ciérrate ahora para el mundo y para
el placer de los hombres o su llanto,
y álzate, suavemente, álzate cuanto
posible fuere hacia una estrella clara.

Y yo te ayudaré dando a mis músculos
una completa paz, una completa
quietud para que puedas estar quieta
cuando sean llegados los crepúsculos.

Y flotarás a la hora en que los montes
se identifican con el cielo, cuando
en el ambiente azul se van borrando
las líneas vagas de los horizontes.

HORA CREPUSCULAR

Hora crepuscular... La hora única
de perfecta emoción: hora en que flota
el alma universal como una nota
y a nuestra alma es la paz como una túnica.

Brilla el primer lucero. Lentamente
de la tierra en quietud sube la sombra,
y entre la sombra azul el alma siente
algo que se conoce y no se nombra.

Lirios de paz en vagos horizontes
una mano sutil va deshojando,
se vuelve clara el alma meditando,
están como traslúcidos los montes.

Alza en el corazón su melodía
una canción quizás de otro planeta,
y en el ámbito azul del alma quieta
hay soledad, dulzura y apatía.

MARAVILLOSAMENTE

Hacia la jornada con tranquila amargura
y los versos de Don Ramón Pérez de Ayala
goteaban de mis labios. La infinita llanura
engendraba en mi espíritu la nostalgia del ala.

A la noche venía, y era para mi marcha
un inmenso cansancio insuperable obstáculo.
Dormí sobre la yerba. En alta hora la escarcha
despertóme. Al Poniente vi un divino espectáculo.

La noche era sin luna. Maravillosamente
una franja de plata aureolaba un monte;
unas estrellas pálidas brillaban de repente
como emergiendo a ratos del tul del horizonte.

¡Oh, cansancio pagado de tan divino modo!
Medité unos instantes en mi ser, en las cosas,
y mi espíritu entonces fue envolviéndolo todo
con la misma dulzura de un perfume de rosas.

EL GAVILÁN

Ala tranquila en el azul. Donaire
de vuelo en giro lento;
ojo inclinado, de mirar atento,
en la inquietud traslúcida del aire.

Gira sobre el corral su sombra opaca:
pasa sobre un tejado,
pasa sobre la puerta del cercado
y pasa sobre el lomo de una vaca.

¡Oh, dulzura de sombra que se mueve
tan lenta y tan segura!
¡Quien pudiera pensar que hay una dura
persecución en su cadencia leve!

ABISMO

Es un momento amargo de mi vida.
Lancé una queja y se perdió en el viento.
a fuerza de sufrir ahora siento
que se hace enorme mi fatal herida.

Cansado de llorar dejo mi duelo
dormido en el crepúsculo opalino:
quiero ser como el dulce árbol de pino
que mira eternamente para el cielo.

Mas veo que también el pino llora:
es poeta que canta su dolora
en un llanto de seda, suave y terso.

Ha resuelto el problema: no me queda
ser más, sino una lágrima que rueda
en la herida de luz del Universo.

LIRA

Alma: nos envuelve el crepúsculo.
Hazte digna de su ritmo. Hazte
dulce. Ya no existe el contraste
de lo grande y de lo minúsculo.

Que la Mano Invisible pulse
la gran lira de la Armonía.
Vibra tú también: siendo mía,
sé del Todo. Sé inmensa y dulce.

CANCIÓN EXTRAÑA

Era una luminosa canción de azul preclaro
Sobre el vago horizonte de un remoto país:
Al pensar en el brillo de aquel azul tan claro
Se pensaba en el dulce Federico de Onís.

Era un azul tan claro que echaba el pensamiento
sobre campos floridos, sobre tranquilos campos.
El alma de Francis Jammes entre tranquilos lampos
envuelta en sueños vagos flotaba sobre el viento.

Era una luminosa tarde de azul extraño,
y era un país tan vago que recordaba mucho
aquel en el que pienso tan solo cuando escucho
el rumor de las últimas melodías del año.

VAGUEDAD

La tarde pasa dorada
Sobre mi melancolía.
La siento. Me siente. Es mía
su lasitud encantada.

Lasitud...Lasitud...No sé
si he perdido el pensamiento...
¿Qué va? ¿Qué vuelve? Yo siento
nacer en mí no sé qué.

¿Habrá en mi ser alguna otra
consciencia desconocida?
...Sirio...Una estrella perdida...
(Pasa una nube...Pasa otra...)

ESTRELLA DE LA TARDE

El cielo es como un ópalo diluido
en una copa de crista, inmensa.
Quietud...Quietud...Naturaleza piensa.
Es el momento azul, indefinido

que el ensueño a mi espíritu dispensa,
momento en el que escucho yo un sonido
de gotas de mi vida que a la densa
linfa resbalan del piadoso Olvido.

¡Hora de dulce paz! En ella es donde
mi secreto poético se esconde:
que a mi alma del cielo la belleza

baja toda, y, magnífica y cobarde,
aduérmese la estrella de la tarde
en el pálido tul de mi tristeza.

POEMAS DE LA MUJER
PENSATIVA Y CLARA

Yo te quiero, mujer, pero te quiero
fuerte y sexual y pensativa y clara...

(Canción de mis 25 años)

EL CORAZÓN EN LA TINIEBLA

-Amiga: la noche es negra y honda.
Todo es sombra en la amplitud del cielo
y en la quietud atormentada de la tierra.
Amiga: todo es sombra y yo temo perder
mi corazón en la negrura de la noche.

-No temas. Si hay en tu corazón
algo tan claro como un anhelo hacia la luz,
la noche no podrá robarlo.

-Si. En mi corazón hay algo claro:
el anhelo infinito de extasiarme en tu
blancura. Amiga: la noche no podrá
dañarme: ocultaré mi corazón en tu
blancura.

[29]

EL INSTANTE DE LA FELICIDAD

Caminábamos, lentos, bajo el sol suave
de la mañana. Las espigas temblaban,
proyectando sus sombras oscilantes sobre
la tierra negra. De pronto ella me preguntó:
-¿Cuándo llega el instante de la felicidad?

Y yo le respondí: -Cuando las rosas se
van abriendo, cuando estás en tu ventana y
el niño que pasa te sonríe en silencio, cuando
en el crepúsculo sonríes al horizonte quieto,
sin saber por qué, cuando......

Ella me miró en silencio, largamente.
Las espigas temblaban.

EL ÁRBOL INÚTIL

-Mira qué contraste. De los tres
naranjos del jardín, dos exuberantes, están
llenos de frutos que, con los rayos últimos
del sol en el ocaso, se doran luminosamente.
El otro, raquítico, es inútil.

-No pienses de ese modo, dulce amiga. En la
armonía del Universo todo tiene su misión. Nada
es inútil. Míralo. Ya desapareció el sol. Ha venido
la noche, y los naranjos exuberantes sólo son dos
moles negras en la sombra. Mientras, entre el
follaje escaso del árbol raquítico, brillaban muchas
pequeñas bolas luminosas.

-Son estrellas......

-No. Cómo han de ser estrellas. Son los frutos
de oro del árbol que parece inútil...

PERFECCIÓN

Era la primavera del trópico en los jardines y
en nuestros corazones: diciembre azul, lleno de
campanillas y de rosas: diciembre azul, lleno de
suspiros y aspiraciones. Y ella y yo caminábamos
cogidos de la mano entre los rosales floridos.

De pronto ella me dijo, señalando una rosa:
-Esa rosa es bellísima. La cortaré para ti.

Y yo: -Amiga: esa rosa es perfecta. No la toques.

EMOCIONES DISTINTAS

CANCIONES DEL CORAZÓN ILUMINADO

A José Machón Vilanova.

CANCIÓN DEL CORAZÓN ABIERTO

Ábrete, corazón, como una flor,
como una flor de ensueño,
y date todo a quien te pida amor,
que yo no soy tu dueño.

Corazón: date todo. Es tu destino
el destino más bello:
perfumar con tu amor todo camino
sin reparar en ello.

Ábrete, corazón. Sé en cada cuita
perfume de ilusiones,
porque así vivirás –rosa infinita–
en muchos corazones.

CANCIÓN DEL CORAZÓN CERRADO

Ciérrate, corazón, como una hermética
ánfora de dolor, ciérrate presto,
que así tendrás una emoción estética:
tu preclaro dolor no manifiesto.

Aliméntalo en ti. Que crezca y viva
de tu fuerza vital: de sangre y de
tus nobles sentimientos; que reciba
la savia clara de tu clara fe.

Así en ti mismo llevarás la fuerza
que neutralice al Mal y al Olvido,
y no habrá nada que tu senda tuerza.
Voluntad de vivir sólo te pido.

[36]

FILOSOFÍAS,

Al Lic. Adrián Recinos,
en admiración y reconocimiento.

RITMO

Ritmo vago, lejano, profundo:
date todo a mi ser, date todo.
Te presiento hoy apenas, de modo
que ya empiezas en mí a ser fecundo.

Ya por ti ni la saña me afecta:
todo sigue tu norma divina.
¡Oh, la rosa! ¡Oh, la estrella! ¡Oh, la espina!
Cada cosa que veo es perfecta.

Date a mí: que me ponga yo acorde
con las cosas: espinas, estrellas
que me han dado su gracia, y en ellas
mi alma blanca también se desborde.

COSAS DE LA PRIMERA JUVENTUD

FLOR DE SANGRE

-La mujer más extraña que he conocido yo
Es esta de la boca diminuta cuadrada.
Y responde mi amigo: -Nada, en efecto, nada
Tan raro. He visto muchas, pero como esa no.

En los pliegues undosos de su falda de gro
Parecía que rosas se entreabriesen a cada
Paso suyo. Era un astro su cabeza dorada.
Al pasar a mi lado su pupila sonrió.

Oh, su boca, su boca, rara flor de lujuria
En que habla la Ciencia de la Vida. Una furia
En mi ser sentí al punto de arrancársela a besos,

O ser yo algo licuado que pudiese un instante
Extenderse terrible, voluptuoso y triunfante
Como gota de sangre por sus labios carmesos.

LA MUÑECA LOCA

Cierta Muñeca de carne y hueso, de esas muñecas que sólo tienen por alma una llama de inquietud que recalentándoles los nervios desde dentro la convierte en locas de la carne, trabó conocimiento conmigo a bordo de un tranvía, ya hace meses, como sello de amistad, me regaló una rosa.

Ya sabéis que es una rosa el obsequio más significativo que puede ofreceros una loca de la carne corazón de violencia. Y yo llevé la flor hasta mi cuarto, y una mujer de ritmo lento la tiró al arroyo.

Otra vez, pasada una función de teatro, vi a la Muñeca aquella del brazo de un muchacho y en compañía de media docena de locuelas, reír como sólo ella supo hacerlo, con esa cascabeleante despreocupación de los diletantes de la vida. De esos que saben la vida sin objeto definido, y jamás procuran inventarle alguno.

Iba riendo la muñeca sobre el asfalto negro, bajo el cielo claro…

Y ayer no más, en busca de un amigo, me llegué a una casa de los barrios bajos. Allí estaba la Muñeca. Estaba mustia, sentada en una silla mecedora, huidos para siempre los cascabeles de la risa. Su risa la mató. Porque está muerta, muerta, sin duda, por la enfermedad blanca, que suele venir después que las muñecas locas o los hombres demasiado inquietos se han reído demasiado.

Y lo más triste del caso es que sus
Compañeras, pajaritas a quienes la Naturaleza
negó el don de saber hacerse un nido, reían
alrededor con una inconsciencia del peligro,
más dolorosa tal vez que la cara mustia de la
enferma.

Y yo salí pensando en aquella rosa que unos
meses atrás una mujer de ritmo lento arrancó de
mi mano y arrojó al arroyo.